아빠수업

:아빠의 변화는 사랑입니다

 담북

아빠수업

: 아빠의 변화는 사랑입니다

하재성 지음

목차

I. 아빠 수업을 시작하며:
"아빠의 변화는 사랑입니다"

　예전의 가부장적인 아버지들은 자녀들에게 엄격하고 무서운 존재였습니다. 자녀들과 정서적인 괴리감이 컸고, 친밀감은 적었습니다. 아버지들의 분노는 가족들을 긴장하게 했고, 아버지의 훈육은 반드시 지켜져야 했습니다. 그리고 대부분의 아버지들은 적어도 가족 경제에 대한 큰 책임감과 무게를 지고 살았습니다.

　21세기의 아빠들 역시 경제적인 부담을 지고 살아갑니다. 일하는 엄마들이 많아진 것도 사실이지만, 어떤 경우든 아빠들은 여전히 경제적인 책임을 지도록 요구받습니다. 그러나 그뿐만이 아닙니다. 아빠들은 이제 더는 일방적이거나 비인격적인 아버지가 아닌 다정다감한 아빠가 되어야 한다는 사회적 기대도 함께 받고 있습니다. 자녀들에 대한 무자비한 말, 학대의 행동 등은 사회적으로 지탄받거나, 적어도 상담실에서 교정 받아야 할 대상이 되었습니다.

그에 따라 좋은 아빠에 대한 기대 이미지가 많이 달라졌습니다. 그것은 어쩌면 전통적으로 엄마들에게 기대되는 이미지들에 더 가깝습니다. 여기에는 친절하고, 따뜻하고, 아이들과 잘 놀아 주는 아빠의 모습이 포함됩니다. 이런 아빠들은 자녀들의 미래를 염려하고 함께 고민합니다. 정서적으로 너무 멀지 않고, 아이들에게 필요할 때는 언제든지 '나타나는' 존재입니다. 어려운 일이 있을 때는 엄마와 함께 오순도순 대화하는 아빠입니다. 가장으로서의 책임은 가벼워지지 않았는데, 자녀 양육에서의 역할은 더 복잡해지고 무거워졌습니다. 과연 나는 그런 아빠가 될 수 있을까요?

완벽한 아빠란 존재할 수 없습니다. 하늘에 계신 아버

지 외에는 말이지요. 그렇다고 물러설 수도 없습니다. 그래도 아빠이니까요. 놀라운 것은 오늘날 많은 아빠들이 자신의 아빠들보다 훨씬 훌륭하게 아빠직을 잘 감당하고 있다는 사실입니다. 거기에 희망이 있습니다. 중요한 점은 아빠직에 자녀들의 영혼이 개입되어 있다는 것입니다. 아이들은 아빠를 통해 영원하신 하늘의 아버지 하나님을 경험하고 만나야 합니다. 그런 중대한 임무가 아빠에게 주어져 있습니다. 그럼 어떻게 해야 할까요? 사랑하는 수밖에 없습니다. 어떻게 사랑할까요? 아빠 자신의 변화로부터 시작하면 됩니다. 변화는 고통이고, 변화는 사랑입니다. 아빠의 사랑은 감정이 아니라 의지이고, 말이 아니라 실천이니까요. 이제 아빠 수업을 시작하겠습니다.

로빈 윌리엄스가 주연했던 가족 영화 <RV>(Runaway Vacation)는 어린 딸 캐시가 아빠에게 사랑을 고백하는 장면으로 시작합니다. 딸이 아빠를 너무 좋아한 나머지, "아빠, 난 커서 꼭 아빠랑 결혼할 거야."라고 말했습니다. 그 말을 들은 아빠는 매우 행복했습니다.

그리고 영화는 금방 딸의 청소년기로 옮겨갑니다. 하

와이로 가족 여행을 가기로 했던 아빠가 직장의 급한 일로 행선지를 바꾸면서, 느닷없이 RV 즉 캠핑카를 몰고 집에 왔습니다. 그 광경을 내다보던 딸이 엄마에게 외쳤습니다.

"엄마, 어떤 멍청이가 RV를 우리 집 앞에 댔어.

(잠시 후 운전석에서 내리는 아빠를 보고 깜짝 놀라며 큰 소리로)

어머나, 세상에! 저 사람 바로 엄마 남편이야!"

딸을 사랑하는 아빠들은 딸의 성장 속에서 두 가지의 상반된 경험을 합니다. 첫째는 어린 딸의 사랑스러움과 따뜻함이 주는 밀착의 경험입니다. 둘째는 성장기에 아빠를 낯설어하는 거리감에서 오는 소외의 경험입니다. 자신이 아빠와 다르다는 것을 알게 되는 나이의 어린 딸은 이제 더는 아빠가 자신을 목욕시켜 주는 것을 싫어합니다. 사춘기에 접어들면 대화조차 어색하게 생각하며 피하는 딸을 볼 때 아빠들은 상처를 받습니다. 하지만 이것은 반드시 아빠의 양육이나 관계가 잘못되었다는 증거는 아닙니다. 어쩌면 이런 경험들은 딸들이 자연스럽게 잘 자랄 때 나타나는 정상적인 성장의 한 부분입니다. 딸들은 이제 아빠와 성숙한 관계로 진입하고 있는 것입니다.

어릴 때부터 두 딸을 직접 목욕시키며 키운 어느 아빠가 자신의 가장 힘들었던 순간에 대해 이야기한 적이 있었습니다. 그것은 초등학교 6학년이 된 첫째 딸이 자기 반의 백인 남자 친구와 공개 데이트를 할 때였습니다. 그 둘이 식당의 다른 테이블 앉아서 서로 대화하고 있을 때 아빠의 마음은 그 남자아이에 대한 분노로 부글거렸습니다. 아빠는 속이 끓어오르는 불편함을 느꼈습니다. "저 녀석이…어디, 감히 저 녀석이…"(사실은 이것보다 더 심한 말이었습니다). 남자아이가 자기 딸에게 관심을 가지는 것, 딸이 남자 아이에게 인기가 있는 것, 그 자체는 긍정적인 성장 경험입니다. 하지만 딸을 너무나 아끼고 사랑했던 아빠의 관점에서는 너무나도 섭섭하고 화나는 일이었습니다.

어떻게 보면 딸에 대한 아빠들의 사랑이란 운명적으로 서운해질 수밖에 없는 짝사랑입니다. 어릴 때는 아빠를 그렇게 좋아했던 딸이, 자라면서 "아빠하고는 말이 안 통해."라며 멀어질 때, 아빠들은 당황하고 놀랍니다. 넘을 수 없는 소통의 벽을 느낄 때 아빠들은 고립감을 느낍니다. 그러나 그것은 어쩌면 딸을 정말 사랑하는 아빠들만 경험할 수 있는 특별한 훈장 같은 것입니다.

딸을 사랑하는 아빠들은 어린 딸과 마주치기만 해도 함박웃음을 지으며 반가워합니다. 더 많이 안아 주고, 언제나 편들어 주고, 마음까지 보호해 주려 합니다. 아직 말할 줄 모를 때부터 딸에게 말을 걸어 주고, 걷기 시작할 때는 밖에서 놀아줍니다. 아빠의 사랑이란 생각이나 느낌이 아니라 의지의 영역에 속합니다. 그리고 의지는 행동으로 나타납니다. 애틋한 느낌만 가지고서는 사랑이라 말할 수 없습니다. 애틋한 감정은 딸을 위한 여러 가지 행동으로 반드시 표출되기 마련입니다.

그러나 성장의 어느 변곡점을 통과하고 나면 이전의 행동이 딸에게 통하지 않는다는 것을 느끼게 될 것입니다. 그렇게 아끼고 사랑했는데 아빠를 어색해하고, 자기 일에 바빠서 아빠를 거들떠보지도 않습니다. 아빠는 서운한데 딸은 바쁘고, 옛날처럼 따뜻하게 다가가고 싶은데 딸의 언어는 날카롭습니다. 어떤 때는 아예 아빠 앞에서 입을 다

물어버리기도 합니다. "힘들지?"라고 물어도 차가운 침묵만 돌아옵니다.

사실 딸들은 이럴 때 오늘 자신이 겪은 낯선 경험들과 불편한 인상의 찌꺼기들을 혼자 여과하고 있습니다. 그나마 편안한 아빠 앞에서 하루의 성장 과제에서 비로소 마음의 부유물들을 여과하고 있는 것입니다. 하지만 침묵 자체가 불편한 아빠들은 자칫 인내심을 잃고, 버럭 화를 내며 고함지르기 쉽습니다.

"아빠를 보면 인사라도 좀 해라!"

물론 딸은 아빠에게 지지 않습니다

"아빠가 먼저 하세요!"

이런 상황에서 아빠가 서운함과 분노가 섞인 복합감정을 참아내기란 쉬운 일은 아닙니다. 그러나 그럼에도 이렇게 말해 줄 수 있는 아빠라면 칭찬받을 만합니다.

하루하루 자라는 우리 딸들은 혼자만의 무거운 성장의 부담을 느끼고 있습니다. 당황스러울 정도로 한꺼번에 밀려오는 여러 과제들이 머릿속을 온통 채우기도 합니다. 아빠가 조금이라도 끼어들라치면 딸은 놀라 뒷걸음질하거나 예민하게 아빠를 밀어낼 수도 있습니다. 그러나 오래 섭섭하지 말아야 할 이유가 있습니다. 딸은 아빠가 이해해 줄 것을 믿기 때문입니다. 아이는 사랑하는 아빠를 만나는 순간, '휴~' 하고 안심하며 자신의 불편한 감정을 여과 없이 내비치고 있을 뿐입니다. 아빠는 안전하다는 것을 알기에 딸은 하루의 긴장을 풀고, '편안히' 자신의 감정을 뿜어냅니다.

이럴 때 아빠가 할 일은 기다리는 것입니다. 집 나간 아들을 기약 없이, 하염없이 기다렸던 탕자의 아버지와 같이, 아빠는 이렇게 '이기적인' 딸을 믿고 기다려야 합니다. 딸이 자신의 기분을 추스르고 스스로 아빠에게 다가올 때까지, 세상에 대한 두려움과 미래에 대한 부담의 구름이 잠시라도 걷힐 때까지, 아빠는 기다려야 합니다.

아빠가 할 일은 오래 참고, 격려하고, 공감해 주는 것입니다. 이것이 성숙한 아빠의 사랑입니다. "힘들지? 공부나 친구 관계가 어렵지는 않니?" 이렇게 따뜻하게 묻고 기다려 보면 어떨까요? 아이가 아빠의 말에 어떻게 반응을 하든, 그것을 나쁜 공격으로만 인식하지 않아야 합니다. 좋은 아빠는 기다릴 줄 압니다. 자녀의 마음이 차분히 가라앉고 아빠에게 다시 오기를 기다리는 것입니다. 유치원 다닐 때의 부드럽고 달콤한 딸의 뽀뽀는 없어졌지만 무슨 상관이 있겠습니까. 이제는 딸이 더는 아빠의 공주가 아닌 자신의 삶을 책임지는 리더로 자라고 있다는 증거 아니겠습니까. 아이가 상처를 준다고 해서 될 대로 되라는 식의 말을 해버리는 것은 무책임한 일입니다. "옛날에는 아빠라면 다 좋아하더니, 에라, 그럼 너는 너대로 살아!" 이렇게 기분 내키는 대로 이런 말을 내뱉는 것이 무슨 유익이 있겠습니까.

딸이 자라는 만큼 아빠도 자라야 합니다. 삶의 다음

단계를 함께 맞이하며 낯선 경험들을 환영해야 합니다. 변화는 불편합니다. 그러므로 변화를 받아들이는 것은 사랑입니다. 자기희생의 노력이 필요하기 때문입니다. 아빠들이 딸의 성장과 변화를 축하하고 축복하며, 불편하지만 거기에 맞추어 변화를 받아들이는 것은 딸을 사랑하기 때문입니다.

그것이 주는 유익은 놀랍습니다. 사랑받은 딸들은 아빠를 닮은 알파걸로 자란다는 사실입니다. 성경에 나오는 슬로브핫의 딸들 이야기를 보십시오. 오래전 그토록 가부장적인 시대에 그들은 담대히 모세를 찾아와 아버지의 형제 중에서 자기들의 분깃을 요청하였습니다(민 27:4). 그리고 여호와 하나님의 지시에 따라 그들에게 땅이 분배되었습니다(민 36:2). 사랑받은 딸들은 아빠가 세상을 떠나도 하나님의 축복을 요청하고 받으며 살아갈 수 있습니다.

사도 바울은 고린도전서 4장 15절에서 자신을 사랑하는 아버지로 소개합니다. 바울은 복음으로 그들을 낳았고 사랑했다고 말합니다. 그러므로 16절에서는 그들에게 당당히 요구하였습니다.

"너희는 나를 본받는 자가 되라!"

사랑하면 닮습니다. 이 세상에서 다음 세대를 살아갈, 정확히 나를 닮은 딸이 있다는 것, 이것이 아빠들에게 얼마나 영광스러운 일입니까? 그런 딸을 위한 아빠들의 변화는 말 그대로 사랑입니다.

 아빠의 변화

변화는 불편합니다. 하지만 참고 변하려고 결심하는 아빠는 자녀를 진심으로 사랑하는 아빠입니다.

II. 마을보다 아빠

1. 아이 한 명에 마을 하나, 그리고 아빠 하나

아프리카에 이런 속담이 있다고 합니다.

"아이 한 명을 기르는 데 마을 하나가 필요합니다."

그만큼 아이 하나를 기르는 일이 힘들고 많은 사람의 관심과 손이 들어간다는 말입니다. 그 중에도 부모만큼 자녀들에게 큰 영향을 미치는 사람은 없습니다. 그러므로 엄마와 아빠는 좋은 팀을 이루어 자녀들이 건강하고 바르게 자라도록 세심한 관심을 기울여야 합니다. 그 가운데 아빠의 존재와 역할의 중요성은 아무리 강조해도 모자랍니다. 거꾸로, 아빠의 부재와 태만은 자칫 자녀의 인생 방향을 혼란스럽게 만들 수 있습니다. 미국의 심리학자 루이즈 실베스틴(Louise Silverstein)은 여러 연구에 근거하여 아빠의 부재가 아들들에게는 폭력성을, 딸들에게는 성적 방종을 낳을 수 있다고 경고합니다.

아빠는 사회적 행동의 모델입니다. 자녀들은 아빠가 하는 말과 행동을 주의 깊게 듣고 보면서 사회적 행동의 기준을 세워갑니다. 아빠의 말과 행동은 자녀들에게 중요한 학습 도구가 됩니다. 타인을 존중하고 가족을 사랑하는 아빠의 아들은 커서 자기 가족을 사랑하고 이웃을 존중하는 어른이 됩니다.

특히 아들은 아빠의 흉내 내기를 좋아합니다. 아들은 아빠의 복제품과 같습니다. 아빠의 사랑을 받은 아들은 아빠의 좋은 점, 재미있는 점, 즐거운 습관까지 그대로 따라 하며 삽니다. 물가에서 아빠가 하는 물수제비를 따라 하고, 아빠처럼 낚시하기를 좋아하고, 여행하는 것을 좋아하고, 가족이 함께 음식 먹는 것을 즐거워합니다. 그런 아들이 자신의 자녀들에게도 따뜻한 아빠가 되어줄 수 있습니다.

간단한 수술 후 실밥을 풀러 병원에 가는 어린 아들에게 아빠가 겁을 주었습니다. "수술하는 것보다 실밥 빼는 것이 훨씬 더 아프다!" 그 말에 아들은 잔뜩 겁을 먹었습니다. 그런데 막상 실밥을 빼고 보니 생각했던 것보다 훨씬 덜 아팠습니다. 집으로 돌아오는 길에 아들이 아빠에게 말했습니다. "나도 아빠처럼 제 아들에게 이야기 할래요. 많이 아프다고 이야기하면 생각만큼 안 아파서 좋은 것 같아요." 아들은 아빠와 교감하면서 자신도 아빠처럼 되고 싶다고 말합니다.

바쁘고 피곤한 일들도 많겠지만 아빠는 자녀들의 성장에 즉시 뛰어들어야 합니다. 수수방관하거나 방치하면 아이들의 인생에 필요한 아빠라는 영양분을 영영 섭취하지 못할 수도 있습니다. 이 '아빠 영양분'의 핵심은 '시간'입니다.

이것은 자녀들과 함께하는 시간입니다. 아빠가 아이가 되어 함께 놀고, 같이 먹고, 같이 웃는 시간들입니다. 자녀를 수용하고, 공감하고, 받아 주는 시간입니다. 이것은 같이 게임을 하며 아이에게 져 주는 시간이고, 아이가 가진 성격의 장점과 잠재된 능력을 발견하는 시간입니다.

아론 하스(Aaron Hass) 박사에 따르면 아빠가 자녀들과 함께 시간을 가져야만 자녀의 능력을 과소평가하거나 과대평가하지 않고, 자녀들의 성장을 적절하게 자극하며 건강한 자신감을 자라게 할 수 있다고 말합니다. 하스 박사에 따르면 시간이란 모두에게 중요한 것인데, 아빠가 그 소중한 시간을 자녀와 함께 보낼 때 아이들에게 선명한 메시지가 전달된다고 합니다. "너는 소중해!" 여기서 자녀에 대한 사랑과 존중이 마음 깊은 곳에서 소통된다는 뜻입니다. 그리고 자녀들은 사랑과 존중을 느끼게 해 주는 아빠를 본받습니다.

어떤 아빠들은 '돈만 벌어다 주면 됐지' 하며 자신의 역할을 거기에 한정시킵니다. 하지만 자녀를 사랑하는 아빠는 그 이상의 역할들을 해냅니다. 아이들의 친구, 위로자, 격려자, 큰 그림 속에서 아이의 자잘한 근심을 작게 만들어 주는 마음 치료의 마술사가 되기도 합니다.

거꾸로 자녀들에게 쉽게 화를 내는 아빠, 자주 고함지르거나 가족을 위협하는 아빠, 술주정에 폭력까지 행사하는 아빠는 결국 가족들로부터 소외되고, 자녀들의 사랑과 존경을 받기 어렵습니다. 더 큰 문제는 아이들이 커서 그런 아빠를 흉내 내며 산다는 것입니다. 연구자들에 따르면 특히 폭력, 폭언을 경험한 아들은 자기 아이들이나 배우자만 아니라 심지어 자기 어머니에게까지 폭력, 폭언을 행사하는 아들이 될 수 있다고 합니다. 자녀들에게 이런 것들을 대물림하지 않아야 하겠습니다.

아빠는 보호자, 공급자로서, 자녀들의 인생에 안전과 확신을 주는 사람입니다. 엄마들이 주로 아이에게 마음의 안정감을 주는 것 같지만 아빠가 아이의 어려움에 반응하고 응답해 줄 때, 아이는 아빠를 "위로와 행복"을 주는 사람으로 우러러보게 됩니다. 그런 아빠는 자녀들의 신체적 성장을 자극하고, 뇌의 발달을 촉진하고, 단정하고 즐거운 인생을 살도록 도와줍니다.

물론 아빠들에게 긴 시간 동안 자녀와 대화하라고 요구한다면 그것은 쉽지 않을 것입니다. 긴 시간 대화하는 것 자체가 아빠들에게는 괴로움이 될 수 있기 때문입니다. 그 대신 아빠들은 자녀들의 놀이와 신체 활동의 파트너가 될 수 있습니다. 함께 게임을 할 수도 있고, 공을 차거나 농구를 할 수도 있고, 자전거를 타거나 등산을 할 수도 있습니다. 물론 가족 여행은 최고의 선택 가운데 하나입니다.

이처럼 자녀들의 성장에 대한 아빠들의 적극적인 개입과 자녀들과의 친밀감은 자녀들이 남성 혹은 여성으로서의 자신의 성 역할을 찾아가는 데에도 중요한 역할을 합니다. 사춘기의 혼란은 누구나 겪겠지만 따뜻한 아빠의 존재가 아이의 정체성 확인에 자신감을 주기 때문입니다. 아이가 잘 자라는 데 마을 하나가 필요하지만, 아이에게 좋은 아빠는 단 한 사람이면 너무나 충분합니다.

 아빠의 변화

아빠는 자녀들의 모델입니다. 아빠는 자녀들의 성장에 즉시 뛰어들어야 합니다. 핵심은 같이 보낼 시간을 만드는 것입니다.

2. 아빠의 표정

아빠인 제가 당황하여 아이들을 매우 긴장하게 한 사건이 있었습니다. 가족과 함께 미국의 옐로스톤 국립공원(Yellowstone National Park)에 갔을 때입니다. 미국의 여름 해가 저녁 9시경에 질 때까지 저와 가족들은 그 넓은 공원 벤치에서 준비해 온 저녁 식사를 간단하게 먹으며 떠오르는 달을 구경하였습니다. 그리고 어둠이 깃들기 시작한 무렵, 예약해 놓은 숙소를 향해 출발하였습니다.

그 순간까지만 해도 저는 그 공원이 경상남도만큼 크다는 사실도, 공원과 숙소 사이에 백두산을 훨씬 능가하는 3,300m 높이의 산이 가로막고 있다는 사실도, 그리고 넓고 곧은 고속도로가 아니라 캄캄하고 꾸불꾸불한 좁은 산길이 있다는 사실도 모르고 있었습니다. 늦은 시간이라 중고생이었던 아이들은 차 뒷자리에서 잠이 들었고, 저는 아내와 함께 불빛 하나 보이지 않는, 캄캄하고 이리저리 꼬부라진 산길을 운전하고 있었습니다. 세 시간을 달리는 동안 차 한 대가 우리를 추월했을 뿐, 사방 어디를 보아도 집

하나, 가게 하나, 동네 불빛 하나 보이지 않고, 점점 높은 산으로 올라가고만 있었습니다. 높은 산들로 유명한 몬태나 주(州)로 들어서고 있었던 것입니다. 예상하지 못한 이 상황에 아빠인 제가 거의 공포에 사로잡혔습니다.

자동차 내비게이션은 아무것도 보이지 않는 산길로 계속해서 우리를 인도해 갔습니다. 두려움에 한숨이 저절로 나왔습니다. "저게 뭐야? 내비게이션 길이 뭐 이래?" 밤 열두 시에는 아이들도 잠을 깨어 함께 놀라기 시작했습니다. "아빠 저게 뭐야?"

한여름 밤 자정에, 우리는 해발 3,300 미터의 산꼭대기 지점을 지나고 있었습니다. 나무도 한 그루 없는데, 이전에 본 적 없는 허연 덩어리들이 여기저기 흩어져 있었습니다. 잠시 후 우리 차는 급격한 내리막길을 치닫고 있었습니다. 네팔 같은 산악지대에서나 볼 수 있는 가파른 절벽 길을 위태롭게 내려갔습니다. GPS 화면에 나타난 길 모양이 너무나 꾸불꾸불하여 우리는 그 길을 '내장 길'이라 불렀습니다. 조금만 벗어나면 떨어져서 흔적도 보이지 않게 사라질 것만 같은 캄캄한 절벽 길이었습니다. 저와 가족들의 마음은 반쯤 거의 녹아 있었습니다.

끙끙대며 네 시간을 운전한 끝에 낭떠러지 아래에 있는 조그만 마을에 도착하였습니다. 이튿날 아침, 저는 망설였습니다. 그 전날 밤, 너무나 놀라서 다시는 그 길로 올라가지 않겠다고 가족들에게 이미 말했던 터였습니다. 하지만 이제는 두려움보다 호기심이 더 커졌습니다. 호텔에서 충분히 쉬고는, 다시 용기를 내어 밤에 내려왔던 길을 향해 출발하였습니다. "와!" 하는 탄성이 절로 흘러나왔습니다. 높은 절벽 길 아래로 입을 다물 수 없는 장관이 펼쳐졌습니다.

전날 밤 공포에 찬 눈으로 바라보았던 허연 덩어리들의 정체를 보았습니다. 그것은 여름에도 녹지 않은 눈이었습니다. 큰 무더기의 눈이 3,000미터 산꼭대기 여기저기에 쌓여 있었습니다. 그 주변에는 한여름에 피어난 작은 봄꽃들이 여기저기서 웃음 짓고 있었습니다. 저와 아이들은 지금도 그때 이야기를 하곤 합니다.

"아빠가 그렇게 놀란 모습을 본 적이 없었어요."

자녀들은 아빠의 얼굴을 봅니다. 아빠가 웃으면 안심하고 자신들도 웃습니다. 하지만 아빠가 무서워할 때 아이들은 거의 공포에 빠집니다. 아빠가 근심하거나 무거워지면 아이들의 얼굴도 무거워집니다. 자녀들에게는 아빠의 표정이 중요합니다.

하나님께서는 아빠들에게 가장이라는 큼직한 메달을 걸어 주셨습니다. 때로 그 메달이 너무 무거워 얼굴을 찡그리기도 합니다. 가정의 경제를 책임져야 한다는 부담 때문에 어깨가 휘청거리기도 합니다. 그러므로 아빠들의 표정 관리가 필요합니다. 아빠들은 자녀들 앞에 설 때 자신의 표정에 신경을 써야 합니다. 아빠가 웃을 때 아이들이 아빠에게 다가오기 때문입니다.

하루의 스트레스로 혹은 만성 피로로 잔뜩 인상을 쓰고 있는 아빠에게 아이들이 먼저 다가가기란 좀처럼 쉽지 않습니다. 만일 피곤한 아빠가 먼저 아이들에게 찾아가지 못해도 괜찮습니다. 아빠가 먼저 웃음 지을 때 아이들은 안심하고 아빠에게 다가옵니다. 거꾸로 매사에 예민하고,

조금만 기분이 상해도 버럭 고함을 지르는 아빠에게 자녀들이 다가가기란 참 어려울 것입니다.

아빠들을 위한 어느 인터넷 공간(fathers.com)에서 말하듯 아빠의 웃는 얼굴은 자녀들에게 자신감과 확신을 줍니다. 아빠가 자기를 좋아한다는 굳은 믿음만 있으면 자녀들은 이미 더 좋은 세상에 살고 있다고 느낍니다. 웃음은 우선 아빠 자신의 기분을 좋게 하고, 몸과 마음의 통증을 진정시켜 주는 진정제 역할을 합니다. 웃음은 아빠와 아이들의 심장박동을 안정시켜 주고, 편안한 마음을 주어 이 땅에서 오래 살도록 도와 준다고 합니다.

물론 아빠들의 삶이 그렇게 녹록하지만은 않습니다. 가장이란 특권보다 짊어져야 할 책임이 더 크기 때문입니다. 하지만 아빠 얼굴의 웃음은 아이들의 삶에 비치는 빛과 같습니다. 그렇다면 아빠는 어떤 이유든 웃을 이유를 찾고, 그러기 위해 마음의 여유를 찾아야 합니다.

『내 아버지의 웃음의 빛으로』(By the light of My Father's Smile)라는 책에 이런 시가 있습니다.

인생이 구덩이로 내려갈 때,

나는 스스로 촛불이 되어야만 합니다.

기꺼이 나 자신을 불태우며,

내 주변의 어둠을 밝힐 수 있도록!

그러나 아빠인 우리들은 자신에 대해 너무나 잘 알고 있습니다. 아빠 혼자의 힘만으로는 자신과 주변을 밝히는 빛이 될 수 없다는 것을. 자신의 한계를 알 때, C. S. 루이스(C. S. Lewis)의 말처럼 새사람이 될 수 있습니다. 먼저 예수님을 믿는 새사람이 되십시오. 그럴 때 우리의 아버지 하나님께서 이 땅의 아빠들에게 웃어 주실 것입니다. 즐거이 이름을 부르며 기뻐하실 것입니다(습 3:17). 우리를 향해 활짝 웃어 주시는 하늘 아버지의 웃음을 기억할 때 우리도 비로소 그 웃음을 자녀들에게 반사해 줄 수 있습니다. 하나님의 웃는 얼굴을 생각하며 아이들에게 한번 더 웃어 주는 아빠가 되어 봅시다.

"여호와는 긍휼이 많으시고 은혜로우시며 노하기를

더디 하시고 인자하심이 풍부하시도다"(시 103:8).

아빠의 변화

아빠의 표정 관리가 필요합니다. 아빠가 활짝 웃을 때 자녀들은 다가옵니다. 하나님 아버지처럼 자녀들에게 활짝 웃어 주세요.

3. '아빠'라는 기준

저의 아버지는 말수가 매우 적으신 분입니다. 제가 어렸을 때도, 나이가 든 지금도, 아버지는 여전히 말씀이 적으십니다. 그런 아버지가 화를 낸 적이 한 번 있었습니다. 제가 초등학생 때, 추석 선물로 받은 장난감 권총을 두고 형과 싸웠을 때였습니다. 아버지는 화가 많이 나셨는지 그 총을 빼앗아 그 자리에서 깨뜨리셨습니다. 너무나 아까웠지만 아버지의 메시지는 분명했습니다. 형제가 서로 싸우는 것은 결코 바람직하지 않다는 것이었습니다.

형은 욕심을 내고, 동생은 지지 않을 때 아빠는 어떻게 해야 할까요? 이제 막 걸음마 하는 아기가 누나에게 다가가서 머리카락을 잡아당길 때 아빠는 어떻게 가르쳐야 할까요? 친구와 다투고는, "너랑은 절교야! 다시는 우리 집에 오지마!"하며 친구를 쫓아버리는 딸에게 무엇이라 말해 주어야 할까요? 이럴 때 아빠의 역할은 중요합니다.

아빠의 역할은 엄마의 역할과 다릅니다. 아이들이 엄마에게 따뜻함과 위로를 기대한다면 아빠에게는 바르고 담담한 도덕적 역할을 기대합니다. 물론 거꾸로 아빠의 따뜻함과 위로, 엄마의 도덕적인 기준 역시 필요합니다. 연구자들에 따르면 다짜고짜 벌을 주는 양육 방식보다(punitive) 스스로 깨달을 수 있도록 유도하는(induction) 방식이 자녀들의 행동 교정에 훨씬 효과적이라고 합니다. 쉽게 말하면 차분히 설명하고 설득해야 한다는 뜻입니다. 아빠가 아이들에게 효과적인 안내자가 되기 위해서는 엄마처럼 따뜻하고 친절해야 합니다. 아빠는 아이들에게 옳고 그른 것이 어떤 것인지에 대한 도덕적 양심을 형성해 주는 중요한 팀입니다.

테리 올슨(Terry Olson) 박사에 따르면 아빠들이 말로 가르치는 도덕적 교훈보다 더 중요한 것은 아빠의 모범과 자녀들과의 관계입니다. 말로 가르치는 것보다 백 배 더 중요한 것이 바로 아빠가 어떻게 생각하고, 어떤 선택을 하고, 또 어떻게 살아가는가 하는 점입니다. 그리고 좋은 영향을 주기 위해서는 아이들과의 관계 역시 좋아야 합니다.

문제는 입시를 비롯한 자녀들의 공부가 과중하고, 아빠들 역시 자녀들과 함께 지낼 수 있는 시간 자체가 모자라는 한국 가정의 상황입니다. 아빠의 부재는 도덕적 실천과 가르침을 불가능하게 합니다. 그러나 그렇다고 포기할 수는 없습니다. 아빠는 가정에서 자녀들에 대한 도덕적 안내자 역할을 반드시 회복해야 합니다.

아빠의 도덕적 기준들은 아이들과 접촉하는 모든 시간 속에 함께 비쳐 나옵니다. 우선 할아버지와 할머니를 대하는 모습에서 아이들은 아빠의 도덕적 성품을 배웁니다. 할아버지 할머니에게 사랑과 존경을 표하고, 용돈을 잊지 않으며, 두 분이 계시지 않을 때도 여전히 존경하는 모습을 볼 때 아이들은 그것을 고스란히 닮아갑니다. 어떤 사람에 관해서든 함부로 비난하는 대신 조심스럽게 이해하려는 아빠의 모습에 아이들은 사랑을 배웁니다.

연구자들에 따르면 아빠는 첫째, 자녀들의 도덕적 양심을 일깨워야 하고, 둘째, 타인을 배려하여 자제하는 법을 배워야 합니다. 잘못한 행동에 대해 미안해하는 마음, 불편함, 후회, 죄책감을 느끼고 있는 아이의 모습에 대해 아빠는 조심스럽게 칭찬해 주어야 합니다. 내 아이는 잘못이 없다고 무조건 편드는 것은 아이의 양심 잠재력을 억누르는 행위입니다. 아울러 다른 사람에 대한 배려의 마음으로 자신의 욕구, 분노, 충동을 억누르는 아이의 모습에 대하여 아빠는 칭찬을 아끼지 않아야 합니다.

함께 보는 영화를 통해서도, 놀이와 게임을 통해서도, 아빠는 자녀들의 도덕 형성을 도울 수 있습니다. 폭력을 사용하여 복수할 것인가 아니면 담대하게 용서할 것인가에 대한 아빠의 태도에서 자녀들은 세상을 살아가는 기준을 배웁니다. 정치가, 연예인, 학교 선생님에 대한 아빠의 이야기가 세상을 바라보는 자녀의 시각을 선택합니다.

이른 시기에 인기인이 되는 자식의 모습을 볼 때 부모

는 조심하고 두려워해야 할 것입니다. 이들이 처한 최고의 위험은 인기에 대한 도취와 자기 절제의 상실입니다. 팀 켈러(Tim Keller) 목사님에 따르면 갑작스럽게 인기를 얻은 사람들의 정서적 특징은 아침에 일어났을 때 '인간'으로서의 초라함이라고 합니다. 다른 사람들은 자신을 우상처럼 떠받드는데, 정작 자신은 여전히 초라한 인간으로 남아있다는 것에 괴리감을 느끼며, 그 허무함 때문에 때로 자살로 생을 마감하기도 한다는 것입니다.

이른 성공이 자녀의 미래를 망가뜨릴 수 있습니다. 너무 일찍 찾아온 행운과 성공이 자녀들의 긴 인생에 오히려 해를 끼칠 수 있음을 알아야 합니다. 그래서 아빠는 자녀들에게 이렇게 말해 주었으면 합니다.

"잠깐의 성공에 너무 흥분하지 말고, 찾아오는 실패에 모든 것이 끝난 것처럼 좌절하지 말자."

자녀들의 성공만 좋아할 것이 아니라, 책임 있는 사회인으로서 살아가도록 격려해 주어야 합니다. 가난하고 취약한 이웃의 아이들이나 노인을 돕는 '의미 있는 일들'을 하도록 아빠가 말해 주어야 합니다.

올슨 박사와 제임스 마셜은 "아빠들은 자녀들을 이웃 공동체와 연결시켜 주는 다리"라고 하였습니다. 도덕적 삶이란 곧 시민으로서의 당당하고 건전한 모습을 가지고 사는 것을 가리킵니다. 그런 시민의식과 사랑의 실천은 아빠가 자녀들을 어떻게 사랑하고 돌보는가에 의해 시작됩니다. 가족의 친밀감이 빠진 도덕성은 공허합니다. 그리고 이웃에 대한 사랑과 배려가 빠진 가족의 친밀감은 이기적입니다.

그렇다면 아빠들은 언제까지 자녀들의 도덕적 안내자가 되어야 할까요? 대학생이 될 때까지일까요? 아니면 결혼할 때까지일까요? 그것은 아빠가 세상을 떠날 때까지입니다. 구약성경 사무엘상에 나오는 엘리 제사장은 아흔이 넘은 나이에 책망을 받았습니다. 그의 두 아들 홉니와 비느하스를 바르게 지도하지 못한 책임을 물어 하나님은 이 늙은 제사장을 엄중히 책망하셨습니다.

"너희는 어찌하여 내가 내 처소에서 명령한 내 제물과 예물을 밟으며 네 아들들을 나보다 더 중히 여겨 내 백성 이스라엘이 드리는 가장 좋은 것으로 너희들을 살지게 하느냐?"(삼상 2:29).

여기에서 기억할 것은 크게 두 가지입니다. 첫째, 하나님은 죄악을 저지르는 아들들과 그것을 방조한 아버지를 하나로 보시면서 "너희"라고 말씀하셨습니다. 둘째, 아들들을 억제하지 못하는 것은 하나님보다도 아들들을 더 소중하게 여기는 우상숭배라 하셨습니다. 엘리 제사장의 아들들은 멸망을 위해 준비된 강퍅한 마음을 가지고 있었습니다. 그들은 하나님의 무서운 심판을 받기 위해 준비된 사람들처럼 행동하였습니다. 안타깝고 두려운 일이 아닐 수 없습니다.

2017년에 영국에서 나온 영화 <굿바이 크리스토퍼 로빈>은 이런 의미에서 매우 인상적입니다. 크리스토퍼 로빈(실제 이름은 빌리)은 작가인 그의 아빠 알란 밀른(Alan A. Milne)이 쓴 유명한 『곰돌이 푸』(Winnie the Pooh)의 주인공입니다. 『곰

돌이 푸』가 대성공을 거두면서 아들 빌리도 함께 유명해졌습니다. 가는 곳마다 사람들에게 환호성을 받았습니다. 그러나 조용한 성격의 빌리는 그런 환호성과 인기가 너무나 혼란스럽고 부담스러웠습니다. 아빠는 자기 아들을 보호하기 위해 모든 매체들의 접근을 차단하였습니다. 엄마는 인기를 고집했으나 아빠는 끝까지 아들을 보호하였습니다.

부모들이 자칫 성적과 대학, 인기와 돈과 성공만을 인생의 최고 목표로 세운 나머지 자녀들에게 옳고 그름을 가르칠 기회를 놓친다면 그것은 비극적인 결과를 초래할 수 있습니다. 어려운 이웃을 공감하고 배려하는 마음을 심어주지 못한다면 이기적이고 고립된 자기만의 성(城)안에 자녀들을 평생 가두어 둘 수도 있습니다.

아빠들은 따뜻하고 안전하게 자녀들을 양육해야 할 의무가 있습니다. 취약한 이웃을 잊지 않고 생각하는 자녀들로 키우기 위해서는 아빠가 먼저 정직하고 따뜻하게 살아야 합니다. 아이들과 친해지십시오. 친해야 닮습니다. 폭력은 친밀감을 무너뜨립니다. 그 대신 아이와 친해지고, 사랑으로 아이를 감동시켜 주세요. 아빠는 자녀를 세상에 연결하는 멋진 다리가 되어야 합니다.

아빠의 변화

아빠는 따뜻하고 도덕적인 안내자입니다. 아빠가 먼저 취약한 이웃들을 기억하고 배려하면 자녀들은 사랑하는 아빠를 닮아갑니다.

4. 보호와 밀착

동물들 가운데 새끼들에 대한 규율이 가장 엄격한 것은 아마도 코끼리일 것입니다. 아프리카 코끼리들은 우두머리인 할머니 코끼리의 철저한 보호와 감독 아래 일사불란하게 움직입니다. 코끼리들이 어떻게 서로 소통하는지는 전문가들도 아직 다 알아내지 못했지만, 놀랍게도 자라나는 새끼 코끼리들의 행동은 성장한 코끼리들의 행동과 대부분 일치합니다.

어른과 함께 있는 새끼 코끼리들은 어떤 경우에도 함

부로 돌출된 행동을 하지 않습니다. 전진할 때, 후퇴할 때, 그들은 모두 한 방향을 향해 가고, 같은 방향을 향해 멈추어 섭니다. 때로는 무리가 둘로 나뉘어 전진과 포위와 철수를 구사하면서 작전을 감행하기도 합니다. 그 비결이 무엇일까요?

우선 코끼리들에게는 새끼들을 양육하는 엄격한 규율들이 존재합니다. 코끼리들의 일사불란한 행동을 보면 그 규율들이 무엇에 관한 것인지 짐작할 수 있습니다. 성장기에 고립되어 많은 문제를 일으키는 코끼리들도 이들 무리에 들어가면 다시 그 질서에 편입되어 자신의 위치와 자리를 지키게 됩니다. 우두머리 코끼리는 새끼 코끼리들의 성장기에 따라 가장 좋은 나무나 풀이 어떤 것인지 가르치고, 가뭄에서 생존하는 법, 맹수들로부터 방어하는 법, 가파른 언덕에서 생존하는 법을 가르치며 보호합니다.

어린 코끼리들은 서로의 깊은 유대 관계를 통해 규율을 배우고 지킵니다. 코끼리들은 서로 협력하여 새끼들을 보호합니다. 진흙 웅덩이에 빠진 새끼를 두고 쩔쩔매는 엄마 코끼리를 밀어내고 할머니 코끼리가 능숙한 솜씨로 구조하기도 합니다. 위험이 닥쳤을 때는 서로 밀착하여 외부의 공격으로부터 새끼들을 보호하고, 합의와 규율에 따라 공격과 철수를 감행합니다.

보호와 밀착, 그것은 자녀들에게 엄격한 규율을 가르치고, 공동체의 가치를 전수하는 중요한 수단입니다. 규율만 가르치면서 자녀를 보호해 주지 않으면 자녀는 애착과 충성심을 가질 수 없습니다. 이것은 가정이든 교회든 마찬가지입니다. 꾸중하고, 불신하고, 날카롭게 지적하고, 아이에게 경제적인 부담을 느끼게 하는 것은 규율만 강요하는 행동입니다. 아이를 믿어 주고, 성적보다 건강과 마음을 먼저 생각해 주는 것이 아이를 보호하는 행동입니다. 자녀에게는 보호와 밀착이 함께 필요합니다.

제가 중학교 1학년 때 시골에서 부산으로 전학을 갔습니다. 한 학년 학생만 칠백 명이 넘는 큰 학교였습니다. 아침 조회 시간에 전교생이 모였을 때, 교장 선생님에게 칭찬을 듣는 아이는 딱 한 명이었습니다. 전교 1등을 하는 같은 학년 아이였습니다. "이 아이는 천재입니다. 천재!" 저를 포함한 나머지 아이들은 그분으로부터 그 누구도 칭찬을 들지 못했습니다. 여기에 공동체나 보호는 느껴지지 않았습니다. 그저 무한 경쟁 사회의 냉정한 결과만 느껴질 뿐이었습니다.

아빠에게는 자기 자녀들을 보호할 책임이 있습니다. 천재처럼 탁월하게 공부하는 소수 아이들의 역광으로부터 아이들을 우선 지켜야 합니다. 그런 아이들과 비교하면서 속상하지 마십시오. 우리 아이는 자신만의 부르심과 재능이 있습니다. 오늘 최선을 다하면 충분합니다.

> "괜찮아. 최선을 다했으면 잘한 거야! 힘들었을 텐데 수고 많았어."

자녀에게는 아빠의 보호가 필요합니다. 자녀를 위로하고 안심시키는 것은 인간 세상의 정신적 맹수들로부터 우리 자녀를 지켜 주는 것입니다. 아빠들에게도 코끼리와 같은 밀착 전략이 필요합니다. 어떤 방향에서 어떤 공격이 오더라도 내 아이는 내가 지킨다는 아빠의 단호한 결단이 필요합니다.

밀착된 아빠들은 내 아이의 마음을 궁금해 합니다. 어려운 일이 있을 때 우선 아이의 기분이 어떤지 살핍니다. 아이 혼자 해결하기 어려운 문제가 있다면 함께 끙끙대며 고민하기도 합니다. 어떤 상황이든지 아빠가 바로 꾸중하고 화내는 것은 문제를 복잡하게 만들고, 아이들의 마음을 더 멀어지게 할 뿐입니다.

무관심한 아빠는 자녀의 스트레스가 무엇인지 모를 것입니다. 이런 아빠들은 자기 일에만 몰두하고 있어서 자녀의 마음이나 정서가 어떤지 살필 겨를이 없습니다. 성적과 등수만 보고 분노와 실망, 자기 연민을 느낀다면, 그 아빠는 자녀를 사랑과 보호의 대상이 아니라, 연장된 자기로 보는 것입니다. 자녀는 부모의 연장이 아니며, 부모에게 종속된 자랑거리가 아닙니다.

그 대신 자녀는 하나님의 소유입니다. 자녀들의 인생의 주인은 하나님이시고, 부모는 잠시 맡아서 양육하는 청지기에 불과합니다. 자녀들이 곁에 있는 동안 더 많이 사랑하고, 집중하고, 몰입하고, 보호하고, 또 친해져야 하겠습니다.

만일 우리가 신분 사회에서 주인집 아이들을 돌보고 양육하는 책임을 맡은 종이라면 어떻게 하였을까요? 주인의 아이를 사랑하고, 성적이 나빠도 격려해 주고, 속상한 일 있으면 무슨 일이 있느냐고 묻지 않겠습니까? 때로 우리는 쉽게 망각하는 것 같습니다. 아이들에게 진짜 하늘 아버지가 계시다는 사실을 말입니다.

내 아이의 약한 부분을 위해 아빠는 간절히 기도해야 합니다. 이것은 아이를 위한 가장 중요한 보호 행위입니다. 기도야말로 세상의 아빠가 사용할 수 있는 가장 강력한 전략 무기이기도 합니다. 하늘의 아버지께서 움직이시기 때문입니다.

아빠는 자녀에게도 기도를 가르쳐야 합니다. 자녀에게 약한 부분이 있을 때 낙심되고 자존심도 상하겠지만, 하나님을 생각하며 더 겸손해져야 합니다. 만일 하나님께서 다시 일으켜 주신다면 그것은 전적으로 하나님 아버지로부터 왔다고 고백하며 감사해야 합니다.

우리 자녀들은 하나님의 목적과 뜻을 가지고 이 땅에 태어났습니다. 그것은 '민족중흥의 역사적 사명'을 뛰어넘는 신적 의미를 가집니다. 자녀들은 공부와 상관없이 빛나고 성공적인 인생을 살 수 있습니다. 공부나 성공보다 더 중요한 것은 한 인간으로서 하나님을 경외하고 사람을 사랑하도록 바른 규율을 몸에 익히는 것입니다. 이 중요한 일은 아빠의 보호와 밀착에서 옵니다.

아빠의 변화

> 보호와 밀착은 자녀를 안전하게 하고 안심시키는 아빠의 핵심 역할입니다. 아빠가 자녀의 약한 부분을 이해하고 기도하는 것은 최고의 보호 전략입니다. 자녀의 이름을 부르며 매일 기도하는 것, 꼭 잊지 마세요.

5. 자녀 인생에 큰 그림을 그리는 아빠

아빠는 우선 엄마와 다릅니다. 자녀를 낳고 면밀하게 양육하는 엄마에 비해 아빠는 자녀들로부터 다소 멀어 보이기도 합니다. 하지만 아빠의 존재와 역할은 자녀 양육에 있어서 참 중요합니다.

사자와 같은 동물 세계에서도 그러하듯 새끼들을 돌보는 것은 주로 엄마들의 몫입니다. 하지만 수사자가 하는 중요한 한 가지 일은 다른 수사자나 하이에나의 위협으로부터 자신의 프라이드(Pride, 수사자를 우두머리로 하는 암사자들과 그 새끼들의 무리)를 안전하게 지키는 것입니다. 비록 사냥이나 새끼 양육에는 무디지만 종족의 안전과 보존의 역할을 하는 것이 수사자입니다.

인간은 사자와 다릅니다. 전통적으로 아빠들은 가정의 경제를 책임지는 역할을 해 왔습니다. 물론 지금은 엄마들도 경제 활동에 매우 적극적입니다. 경제 활동은 한 가정의 생존을 위해 반드시 필요합니다. 그러므로 아빠들은 충실하게 일을 하고, 그 소득으로 가정을 지켜야 합니다.

경제 활동 못지않게 요긴한 아빠의 역할은 자녀들과 미래를 꿈꾸고 이야기하는 것입니다. 미래를 향한 큰 그림을 그리면서, 자녀들과 미래에 대한 꿈을 이야기하는 것은 아빠들이 할 수 있는 가장 영광스런 일입니다. 내가 키운 자녀가 세상을 향해 나아가는 길에 가장 중요한 멘토가 된다는 것은 그 자체로 흥분되는 큰 기쁨입니다.

안타깝게도 오늘날 한국 사회에서는 자녀의 양육이나 진학에 있어서 아빠의 역할이 최소화되고 있습니다. 가족들이 아빠의 존재나 충고 자체를 부담스러워합니다. 그도 그럴 것이 아빠라고 할 때, 자녀들은 자기 이야기를 제대로 듣거나 이해하지 못한 채 다짜고짜 꾸중만하는 답답한 어른으로 여깁니다. 높은 기대만으로 자녀에게 무리한 요구를 하는 아빠들은 꿈은커녕 현실에서 가족들의 마음으로부터 멀어질 뿐입니다. 안타깝게도 아빠들이 가정에서 왕따 당하고 있습니다.

그러나 정작 조금만 생각해 보면 자녀들의 인생에 아빠라는 존재가 얼마나 중요한지 모릅니다. 아빠가 가진 독특한 경험들, 아빠만의 고독했던 젊은 시절의 방황과 갈등, 성공과 실패, 그 모든 것이 자녀들에게는 필수 영양분입니다. 그렇다면 아이들에게 변하라고 말하기 전에 아빠들이 먼저 변해야만 합니다. 굴곡 많았던 아빠들의 삶이 기억되고 기념되고 활용되기 위해서 아빠들이 한 걸음 다가서야 합니다.

물론 아빠들에게도 두려움이 있습니다. '아이들이 싫어하면 어떻게 하지?' '꼰대라고 외면하면 어떡하지?' 그것은 어떤 아빠라도 같은 처지일 것입니다. 그런 불안한 마음이 있더라도 아빠는 잘 견뎌야 합니다.

물론 쉬운 방법도 있습니다. 윽박지르거나 협박하면 일시적인 주목은 받을지 모릅니다. 마지못해 조금은 따라올 테니까요. 하지만 곧 아이들은 아빠로부터 도망쳐 버립니다. 아이들에게 무서움을 줄 수는 있어도 아빠를 존경하게 할 수는 없기 때문입니다.

자녀들과 친해지기 위해서는 권위 의식을 버리고 사과하는 아빠가 되십시오.

"아, 그래, 아빠가 미안해. 미안하다고!"

장난스럽지만 아이들의 말투로 자신의 잘못을 인정도 하고 사과도 해 보십시오. 아이들은 아빠를 무서운 사람이 아니라 친한 사람으로 대하며 다가올 것입니다. 친구가 될 때 아빠는 아이들과 꿈을 공유할 수 있게 됩니다. 아이가 말하는 요점을 이해하고, 열린 마음으로 아이의 이야기를 들어 주는, 말 그대로 '통하는 아빠'가 될 것입니다.

그렇다면 아이들은 어떤 꿈을 꾸어야 할까요? 사실 아이들의 꿈은 수시로 변합니다. 그렇다고 해서 아이가 변덕스러운 것은 아닙니다. 놀라거나 놀리지 마십시오. 빈정대는 말투는 대화를 막아버립니다. 아이의 말에 경청하는 아빠의 따뜻하고 진지한 표정이 아이를 안심시킵니다. 아빠가 시간을 내어 아이의 이야기를 들어 주는 것 자체가 아이의 자존감을 높여 줍니다. 미래에 대한 자신감도 마찬가지입니다. 아이와 함께 꿈꾸는 아빠의 시간은 그 자체가 아이 인생의 중요성을 마음껏 고양합니다.

그리스도인 아빠라면 꿈과 성공의 기준이 돈은 아니겠지요? 값비싼 차나 아파트를 가지는 것이 인생의 성공이며 꿈이라고 말하지는 않겠지요? 물론 돈도 벌어야 하고, 안전한 차도 필요합니다. 하지만 그것들은 부수적일 뿐입니다. 더 중요한 것은 아이의 꿈에 이웃 사랑이 있는가 하는 점입니다. 바로 이것이 꿈을 하나님의 부르심 되게 합니다. 모든 유익한 직업은 하나님의 부르심입니다. 그래서 우리는 그것을 '소명'이라 부릅니다.

어떤 직업이라도 다른 사람들에게 유익을 주는 것이라면 그리스도인의 직업으로서 손색이 없습니다. 사회생활에 대한 지식과 경험이 풍부한 아빠는 미래를 고민하는 자녀들에게 사회와 미래를 보는 눈이 되어줄 수 있습니다. 그리고 아이들이 그 꿈에 도달하기 위해 필요한 것이 무엇인지, 무엇을 준비해야 하는지 함께 이야기할 수 있습니다. 아빠는 감사와 축하의 마음으로 아이의 꿈 이야기에 귀를 기울여야 합니다.

하지만 아빠가 할 수 없는 일도 있습니다. 그것은 자녀의 꿈을 확정하는 것입니다. 아무리 아빠가 좋은 경청과 조언을 해 준다 해도 자녀들에게는 자신이 꿈을 확인하는 또 다른 음성들이 필요합니다. 그것이 목사님의 설교일 수도 있고, 자녀들이 아는 선생님이나 멘토, 다른 어른들일 수도 있습니다. 자녀가 하나의 직업 혹은 소명을 갖기까지 그 소명으로 안내해 주고 이끌어 주는 또 다른 목소리들이 반드시 있어야 합니다. 그것은 아빠의 영역 밖에서 일어납니다. 이것은 기도에서만 나옵니다.

그렇다면 아빠는 기도하는 아빠여야 합니다. 하늘의 아버지 하나님께서 주변의 선한 사람들을 통해 자녀의 직업과 소명을 굳게 하도록 기도해야 합니다. 또 자녀들이 인생의 중요 지점에서 성숙한 안내자를 만날 수 있도록 기도해야 합니다. 그것은 아빠의 능력 밖에서, 오직 하늘 아버지의 은혜로만 공급되는 자원들이기 때문입니다. 아빠는 자녀들과 인생의 큰 그림을 함께 그려갑니다.

 아빠의 변화

아빠가 이야기를 잘 들어 주면 자녀의 자존감이 높아집니다. 세상도 구할 것 같은 자녀의 꿈 이야기를 기쁘게 들어 주고, 미래에 좋은 멘토들을 만나도록 지금부터 기도합시다.

6. 자녀를 믿어야 하는 이유

몇 넌 전 4월 말, 노르웨이에서 열린 국제학회를 마치고 귀국하는 길에 수도 오슬로에 많은 눈이 내렸습니다. 그

바람에 비행기 이륙이 늦어져서 그다음 헬싱키 공항에서 떠나는 인천 행 비행기를 놓쳤고, 그 결과 홍콩을 거쳐 늦게 귀국한 적이 있었습니다. 공항에서 오랜 시간을 보내다 보니 자연스럽게 주변을 관찰하는 시간이 많았습니다. 그날 헬싱키 공항과 홍콩 공항에서 각각 찍은 서로 다른 두 장의 사진이 있습니다. 장소는 다르지만 그 사진 각각에는 아직 어린 3-4살의 남자 아이들이 자신의 키만큼이나 큰 여행용 가방을 혼자 밀고 가는 장면이 담겼습니다. 곁에 있는 부모가 그걸 못하게 하면 아이들은 기어코 고집을 부리며 부모의 손을 뿌리쳤습니다. 자기 스스로 무엇인가를 움직이고, 자신이 주도권을 갖고자 하는 아이들의 자연스러운 모습이 나타났습니다.

심리학자 에릭 에릭슨(Erik H. Erikson)은 3-6세의 유아들에게 가장 중요한 성장의 과제는 자율성과 주도성을 획득하는 것이라고 하였습니다. 이 나이의 아이들은 스스로 걷고, 자신의 주변을 탐색하면서, 자기 혼자의 힘으로 문제들을 해결하려고 합니다. 좋아하는 놀이를 하려고 하고, 언어와 행동을 통해 자신의 역할을 적극적으로 표현합니다.

이런 자율성과 주도성의 욕구가 좌절될 경우 아이들은 무능력과 죄책감을 느끼게 됩니다.

자녀를 과잉보호하는 부모들은 자녀들의 자율성을 믿지 않습니다. 혼자서 하겠다고 하는 아이를 믿지 못하고 불안해합니다. 물론 부모는 주의 깊게 아이를 관찰하고 보호해야 합니다. 아이가 공항에서 혼자 여행 가방을 끌고 갈 때 부모는 손이 닿는 거리에서 아이를 따라가 주어야 합니다. 자칫 아이가 다치거나 다른 사람에게 방해를 주지 않도록 가까이에서 지켜 주어야 합니다. 이것은 아이에게 놀이처럼 보이지만 정작은 자기 인생에 대한 주도권과 자율성을 찾아가는 성장의 중요한 과정입니다.

주도권과 자율성이 없는 사람을 가리켜 우리는 무기력하다고 말합니다. 청년들을 가장 힘들게 하는 기분이 바로 무기력감입니다. 어떤 일을 시도할 동기도 없고, 그 꿈을 추진할 힘도 열정도 없다면 그 사람은 아무것도 이룰 수 없을 것입니다. 무기력의 특징은 중독적인 습관에 잘 빠지고, 헤어 나오지 못하는 자괴감과 공허감에 빠지는 것입니다. 자신의 인생을 견인하는 주도권과 자율성이 이미 3세

정도에 자라기 시작한다면 부모는 이 시기의 아이들을 가볍게 생각하지 않아야 합니다. 이들에게 집중된 사랑과 신뢰의 양육이 필요합니다.

심리학자 도널드 위니컷(Donald W. Winnicott)은 사랑 없이 아이를 키울 수도 있지만, 그렇게 되면 그 아이는 새롭고 자율적인 인간이 될 수 없다고 말하였습니다. 사랑이란 자녀를 계속 염두에 두는 부모의 사려 깊은 행동입니다. 자율성을 키워 주는 부모는 가방을 끌고 가려는 아이에게 "위험해, 안 돼!"를 외치며 일방적으로 막지 않습니다. 오히려 아이가 자기 힘으로 해 볼 수 있도록 허락해 주되 위험에 처하거나 타인에 대한 방해가 되지 않도록 주의합니다. 이때부터 이미 아이들은 자기 인생의 주연이 되고 부모는 그를 돕는 조연이 되기 시작합니다.

놀이나 역할극을 할 때도 아이들은 주도적입니다. 주도적으로 역할을 분배하고, 엄마나 아빠를 자기 놀이의 세계에 참여시킵니다. 아이는 그 놀이의 주인공이면서 동시에 놀이를 감독하는 프로듀서이기도 합니다. 부모는 아이들의 이런 주도권을 인정하고 자녀가 이끄는 대로 따라가 주어야 합니다. 아이러니하게 들릴지 모르지만 그렇게 자녀를 따라가는 것이 자녀에 대한 양육의 주도권을 되찾는 길입니다. 아이들의 자율성을 존중할 때, 아이들은 부모의 주도권과 자율성을 인정하고 신뢰하며 따르기 때문입니다.

자녀들은 자신을 믿고 기다려 준 부모에게 보답해 줍니다. 자신을 믿고 기다려 준 부모를 자신들도 믿고 기다려 줍니다. 자신들이 부모를 '이끌었던 것'처럼 부모가 자신들을 가르치며 이끌 기회를 허락합니다.

그러므로 이 시기는 찬양과 율동, 말씀과 삶의 교훈을 소통할 수 있는 바람직한 시기입니다. 이때 이미 아이들은 시편을 암송할 수 있고, 하나님이 자신을 지으시고 사랑하시며, 예수님을 보내셔서 우리를 위해 죽게 하신 것도 이해할 수 있습니다. 제임스 파울러(James W. Fowler)의 지적처럼 어린아이들의 신앙 이미지는 중요한 어른들에 의해 형성되기 때문입니다.

부모가 아이의 놀이 세계를 인정하고, 아이가 주도하는 역할극에 참여하고, 새로운 세계에 대한 탐험을 허락하면, 아이들은 어른이 가진 가치의 세계, 추상적인 믿음의 세계에도 기꺼이 참여하려 합니다. 아이들은 자기를 신뢰해 주고 기다려 주는 사람의 가치관을 내면으로 복제합니다. 신뢰를 경험한 아이는 자신보다 어리고 연약한 아이들을 사랑하고 돌보려 합니다. 동생을 예뻐하고 자신이 돌보아야 한다는 책임감을 느끼기도 합니다.

사춘기 청소년들은 자신을 신뢰하지 못하는 부모에 대한 반감이 큽니다. 그들의 감각은 부모의 눈빛만으로도 자신을 믿는지 아닌지 분별할 수 있습니다. 그리고 자신을 믿지 않는 부모에게 분노합니다. 부모의 인내와 신뢰는 이때 더욱 필요합니다.

해리스(Bonnie Harris)는 '평생 지속되는 부모-자녀의 신뢰'를 연구하는 보니 아이들에게 필요한 것은 "안내(guidance)와 리더십(leadership)"이라고 말합니다. 아이들은 성공적인 인생으로 가장 사랑하는 부모를 기쁘게 하려하고, 더 많은 것을 배우려 하지만, 부모가 비판적이거나 엄격하기만 하면 결국 미래도 없고 믿을 사람도 없다는 결론에 도달하게 된다고 합니다.

부모는 자녀들을 믿어야 합니다. 아빠는 아이를 믿고,

아이들의 소원을 경청하고, 그들의 마음에 귀를 기울여야 합니다. 어떤 연령대이든지 아이에게 새로운 탐험을 허락하고, 믿음으로 기다릴 필요가 있습니다. 그럴 때 부모는 아이들로부터 더 큰 것을 선물로 받을 수 있습니다. 그 선물은 바로 하나님을 아는 믿음과 주도성과 자율성을 가진 아이의 새로운 인생입니다. 자녀들을 믿어 주면 자녀들은 반드시 부모를 믿고 따라옵니다.

아빠의 변화

자녀는 자신을 믿어 준 아빠를 반드시 믿고 따릅니다. 믿고 기다려 주면 믿음, 주도성, 자율성을 가진 아이로 자랍니다. 어른인 듯 믿어 주고 아기인 듯 안아 주세요.

III. 톡톡, 대화하는 아빠

1. "게임보다 더 재미있는 건 부모님과 대화하는 거예요"

중학교 2학년 남학생이 말했습니다. "아이들이 재미있다고 PC방에 가지만, 사실 저는 집에서 부모님과 대화하는 게 더 재미있어요!" 이 말은 충격이었습니다. 왜냐하면 부모들은 사춘기 아이들이 원래 게임을 좋아한다고 생각하기 때문입니다. 그러나 아이들에게는 그것보다 더 재미있는 것, 즉 '부모님과의 대화'가 있습니다.

어떤 청년은 지금도 엄마와 대화했던 사춘기의 기억을

잊지 못합니다. 갑작스러운 부도로 집에 빚쟁이가 들끓기 전까지만 해도, 문학을 좋아했던 어머니와의 대화는 그의 사춘기 시절을 가장 행복하게 했습니다. 그렇다면 아이들이 PC방과 컴퓨터 게임을 선택한 것은 그것들을 더 좋아해서가 아니라 아빠·엄마와의 대화가 허락되지 않아서입니다.

연구자들에 따르면 게임에 빠진 사람들 가운데 13세-24세의 청소년·청년들이 전체의 29%를 차지합니다. 중독에 빠진 청소년들은 게임을 위해서라면 가정과 학교에서 맡은 자신의 책임도 잊고, 친구들을 만나기보다 사회적 고립을 선택합니다. 음식과 물 마시는 것조차 잊어버리고 게임을 할 뿐만 아니라, 어려운 일이 생길 때 게임에 빠짐으로써 위로를 받고 어려움을 잊습니다. 이사를 해서 친구가 없다거나 어려울 때 위로해 줄 사람이 없을 때 아이들은 게임에 중독됨으로써 혼자만의 생존법을 찾습니다. 특히 가족들 가운데 알코올 중독이나 다른 중독의 이력이 있다면 게임 중독에 빠질 가능성이 높습니다.

특히 중독되기 쉬운 게임이 있다면 다수의 게이머들이 동시에 참여하여 경쟁하는 MMORPG(Massively Multi-player

Online Role-Playing Games) 입니다. 리니지 같은 게임이 대표적입니다. 이것은 여러 게이머들이 매우 경쟁적으로 참여하는 게임이어서 긴장감도 높고, 마치 현실에서 공동체를 형성한 것 같은 느낌을 줍니다. 그러나 가상의 사회관계는 중독성을 강화할 뿐 외려 청소년 게이머들의 불안과 외로움을 가중하는 역할을 합니다.

청소년들의 게임 중독은 단지 그 시기에 생긴 문제가 아닙니다. 그것은 오랜 기간 사랑과 관심을 받지 못한 아이들에게 자리 잡은 뿌리 깊은 습관입니다. 중독되었다는 것은 사람의 사랑과 돌봄을 게임으로 맞바꾸었다는 뜻입니다. 게임중독에 빠진 아이들에게 게임이란 부모를 대신하는 위로입니다. 그리고 게임을 단순한 즐거움 이상으로 삶을 살아가는 방식으로 선택했다는 뜻입니다. 그들에게 게임이란 사랑받지 못한 불행을 잊을 수 있는 유일한 출구이기도 합니다.

그러므로 왜 공부하지 않고 게임만 하느냐고 외치는 뒤늦은 부모의 훈계는 아이들의 귀에 조금도 와 닿지 않습니다. 왜냐하면, 아이들은 이미 부모와의 대화를 포기한지 오래이기 때문입니다. 잔소리하면 할수록 아이들은 귀를 막고, 자기 방으로, PC방으로 들어 가버립니다. 적어도 게임에서는 누구의 잔소리도 듣지 않을 수 있기 때문입니다.

어쩌면 이것은 누군가에 대한 죄와 벌입니다. 자신의 말에 귀 기울이지 않았던 아빠·엄마의 무관심의 '죄'에 대한 벌이며, 자기 자신에 대한 보상입니다. 하지만 과잉은 언제나 해롭습니다. 자신을 게임 중독에 버려두면 결국 자신의 인생조차 형벌을 받는 것처럼 회복이 어려워질 것입니다.

부모 자녀 간 대화에 돌이킬 수 없을 때는 없습니다. 때늦은 후회는 많은 상실이 포함되지만, 여전히 가장 빠를 때입니다. 대화의 노력은 언제든 새로운 출발점이 될 수 있습니다.

그렇다고 아빠들이 유치원이나 초등학교 다니는 아이들과 오순도순 대화할 수 있다고 생각하지는 않겠지요? 어린 아이들은 놀고 싶은 장난감이나 게임을 가져와서 기다립니다. 아빠가 눈치 채고 같이 놀아 주기를 기다립니다. 공감 능력이 있는 아빠는 '저걸로 같이 놀고 싶어 하는구나!' 알게 될 것입니다. 그러면 주저하지 말고 뛰어들면 됩니다. 놀이가 대화이고, 대화가 놀이입니다.

잊지 말아야 할 한 가지는 아이들이 좋아하는 대화는 아빠의 일방적인 잔소리가 아니라는 사실입니다. 잔소리는 대화가 될 수 없습니다. 훈계가 필요하지만 지혜는 더 필요합니다. 내용보다 방식에 신경을 써야 한다는 말입니다. 좋은 부모는 자녀들의 말과 행동에 경계선을 정해 주는 사람입니다. 그러나 대화하자고 불러놓고 아이들의 잘못만 일방적으로 지적하는 '대화'는 차라리 안 하는 편이 더 나을 것입니다. 대화의 가장 큰 적은 일방성입니다.

한때 인기를 누렸던 TV 드라마 <SKY 캐슬>에서, 대표적인 강박적 성격의 아빠 차민혁은 피라미드 모형을 들이대며 자녀들을 교육합니다.

"피라미드 밑바닥에 있으면 짓눌리는 거고, 정상에 있으면 누리는 거야."

아빠는 두 아들이 고3이라는 것에 모든 인생의 초점을 맞추고, 아이들이 공부로 피라미드 꼭대기에 올라가 주기만을 요구합니다. 하지만 한 아들은 분노하면서 아빠가 가져온 피라미드를 던지며 화난 목소리로 고함지릅니다.

"세상이 왜 피라미드야. 지구는 둥근데 왜 피라미드냐고!"

하지만 아빠는 아이의 이야기를 듣고 생각을 바꾸려 하기는커녕 더 큰 피라미드를 집에 갖다 놓습니다. 결국 아이들은 아빠와 피라미드만 남겨둔 채 엄마와 함께 모조리 이사가버렸습니다. 아내는 남편에게 이혼 서류를 보내지만 남편은 여전히 고집불통입니다.

"애들은 이제 고3인데… 일분일초가 아까운 그 시간에…"

궁여지책으로 아이들을 따로 만나 설득했지만 아빠에게 더 큰 상처만 남았습니다.

"우리 아빠랑 못 살겠다고요, 살기 싫다고요."

다른 아들도 아빠를 거부합니다.

"진짜진짜 죄송한데, 아빠 없이 사는 게 너무 좋아요.
행복하고.".

코미디로 웃음을 주면서도 학벌 중심의 사회를 통쾌하게 꼬집은 이 드라마는 결국 가장 중요한 것은 자녀를 인격체로 존중하는 것임을 지적합니다. 성적을 기준으로 '등신'이나 '실패자'를 만들 것이 아니라, 있는 모습 그대로 사랑하고 수용하는 것이 가족들에게 얼마나 중요한지 교훈해 주었습니다.

고3이라는 현실이 중요하지만 아이를 존중하는 대화는 몸의 피와 같이 가족에게 중요합니다. 이웃에 대한 배려의 마음도 가족의 소통에서 나옵니다. 이웃을 네 몸과 같이 사랑하라는 하나님의 말씀 역시 서로에 대한 가족의 공감에서 시작됩니다. 오늘날과 같은 경쟁 사회에서 우리 자녀들을 어떻게 키울 것인지 아빠들은 당연히 고민해야 합니다.

사실 자녀와의 대화란 아빠가 자녀들의 이야기를 주의 깊게 경청해 주는 것입니다. 아이의 이야기에 하던 일을 멈추고 집중해 주고, 맞장구 쳐 주고, 친구처럼 즐겁게 들어 주는 것입니다. 물론 잘 들어 주기 위해서는 아빠의 '예습'이 필요합니다. 아이들이 좋아하는 대중음악을 조금 '공부'하고, 인기 좋은 아이돌 이름 한둘쯤 알아두면 어떨까요? 게임을 좋아하는 아이라면 아이가 좋아하는 게임을 검색해 보고 아이에게 물어보는 것도 좋은 시도입니다. 학교나 학원에서 아이와 친한 친구들의 이름을 기억하는 것도 좋고 그 친구들 이야기에 맞장구 쳐 주는 것도 좋은 시작입니다. 대화에 아빠의 노력이 필요합니다.

자녀들은 양심적입니다. 이야기를 잘 들어 주는 아빠를 실망시키지 않습니다. 맞장구 쳐 주고 고개 끄덕여 주면 아이들은 더 많은 이야기로 보답합니다. 말을 가장 아끼는 사춘기에조차 자신의 희로애락을 기꺼이 부모 앞에 펼쳐놓을 것입니다. 관심은 아이들 사이의 경쟁을 일으킵니다.

서로 먼저 부모님께 자기 이야기를 하려하고, 부모를 가장 '친한' 친구처럼 좋아합니다.

　　아이들은 자신을 위해 소중한 시간을 나누는 부모에게 믿음으로 보답합니다. 부모가 가진 신앙도 기꺼이 자신의 것으로 '내면화'합니다. 연구자들이 밝히듯 아이들의 이야기 세계를 인정하고 들어 주면, 아이들은 기꺼이 부모의 소원에 귀를 기울이게 될 것입니다.

　　자라나는 아이들에게 가장 큰 선물은 말이 통하는 부모입니다. 아이들과 눈높이를 맞추고 아이들과 기꺼이 시간을 보내고자 하는 부모의 자발적인 마음은 아이들을 자신 있게 하고 행복하게 살아가게 합니다. 함께하는 기쁨은 매우 특별하고 큰 인생의 선물입니다. 자라나는 아이들의 이해력에 맞추어 그들과 대화하는 부모야말로 참 성숙한 부모입니다. 그런 아빠는 사랑받고 존경받을 것입니다.

> 대화의 가장 큰 적은 일방성입니다. 어릴 때는 대화가 놀이
> 이고, 놀이가 대화입니다. 자녀가 받을 수 있는 가장 큰 선
> 물은 편하게 대화하는 아빠입니다.

2. 아빠의 10초, 30초, 60초

바쁜 아빠가 초등학교 2학년 아들에게 손 편지를 썼습
니다. 이 아들은 평소에 아빠에 대해 불만과 반항심에 가
득차 있었였습니다. 아빠가 놀아 주지도 않고, 심지어 자신
을 때리기까지 했기 때문입니다. 상담 선생님이 시키는 대
로 아빠는 공원에 단둘이 나가 아들에게 손 편지를 전달
해 주었습니다. 아빠에게 안긴 아들이 더듬더듬 편지를 펼
쳐 읽기 시작했습니다. 쑥스러웠던지 편지를 읽고는 수풀
뒤로 숨어버렸습니다. 아들은 나중에 그 편지를 보며 눈물
흘리는 엄마에게 말했습니다.

"나도 엄마처럼 처음에 눈물이 났어. 그런데 안 울었어."

그리고는 엄마 귀에 속삭였습니다.

"사실은 꿈만 같았어!"

미안하고 사랑한다는 아빠의 손 편지에 불만 가득하고 반항심에 불타던 아이의 얼굴은 금방 행복 가득한 표정으로 바뀌었습니다. 다행히 21세기 들어 한국의 아빠들은 점점 더 따뜻해지는 경향이 있다고 미국의 에릭 영스터(Eric Youngster) 교수는 지적하였습니다. 그에 따르면 부모가 따뜻할수록 아이들은 사회적 능력이 향상되고, 자신감이 넘치며, 친구 관계가 많아지고 또 좋아진다고 말하였습니다. 우울증은 줄어들고, 삶의 질이 향상되며, 부모와 대화도 잘하고 개방적이라는 것입니다.

사실 기존의 한국 문화에서는 자녀 양육에 아빠의 존재가 차갑고 부담스러운 경우가 많았습니다. 심지어 아빠가 빠져야 아이의 입시 준비가 제대로 된다는 속설이 있을 정도였습니다. 아빠가 자기 역할을 한다는 말의 영어 단어 '파더링'(fathering)에는 두 가지의 의미가 있습니다. 첫째는 아이에게 생명을 준다는 뜻이고, 둘째는 아이에 대해 전적인 책임을 진다는 의미입니다. 첫째가 자연적이고 본능적인 기능과 역할이라면, 둘째는 의지적이고 헌신된 자기 기부 행위입니다. 아빠 자신을 아이에게 준다는 뜻이지요. 자녀들을 위해 아빠가 줄 수 있는 것은 많지만, 무엇보다 중요한 것은 자신의 존재와 자기의 시간을 주는 것입니다. 자녀가 필요로 할 때 육체적 정신적으로 자녀와 함께 있어 주는 것을 말합니다. 이것은 아빠의 결심으로 얼마든지 실천할 수 있는 일입니다.

그 결과 아빠는 자녀들의 영적 형성에도 지대한 영향을 미칩니다. 예컨대 폭력적이고 비인격적인 아빠는 아이들이 하나님을 '아버지'라 부르고 믿는 데 큰 어려움을 줄 수 있습니다. 그에 반해 따뜻하게 아이를 신뢰해 주는 아빠는 그 인자한 인격을 통해 아이가 아버지 하나님을 감격스럽게 부를 수 있도록 돕습니다. 필자도 청소년기에 "하나님 아버지"라 부르며 기도할 때 큰 은혜와 감동을 체험하였습니다.

자녀와 따뜻하게 함께하는 아빠는 자녀를 하나님께로 인도하는 다리와 같습니다. 도널드 맥가브란(Donald McGavern)의 말을 풀어 보면 아이들이 하나님을 만나기 위해 "먼저 '아빠' 당신을 만나야 합니다." 아빠가 그 일에 사용되는 것은 아빠 존재의 가장 영광스런 특권입니다. 이것은 어떤 규모의 유산보다 더 값지고 귀한 것입니다. 아빠와의 따뜻한 관계에서 누리는 아이의 기쁨은 천국에서 영원히 누릴 하늘의 아빠 아버지와의 기쁜 교제의 맛보기와 같습니다.

물론 아빠들은 바쁩니다. 아이가 잠을 깨기도 전에 출근해야 하는 아빠들도 많습니다. 하지만 사랑하는 아이를 위해 아빠가 10초 만에 할 수 있는 일도 있습니다. 그 10초가 아이의 하루를 바꿀 수 있습니다. 바로 토드 카트멜(Todd Cartmell)이 제안하는 방법입니다(Project Dad, 55). 신뢰와 사랑을 포스트잇으로 표현하는 데 채 10초가 걸리지 않습니다.

"사랑한다 – 아빠가"

"난 네가 자랑스러워 – 아빠가"

"오늘 너를 위해 기도 할게 – 아빠가"

물론 여기서 가장 중요한 말은 "아빠가" 입니다. 이 짧은 메모를 아이 눈에 띄는 공간에 붙여 보십시오. 책상 위에, 세면대 거울에, 핸드폰 위에 붙여 두면 됩니다. 그러면 단 10초 만에 아빠의 임무가 완수된 것입니다. 문제는 관심과 실천입니다.

비록 짧은 말들이지만 이것은 아이들에게 많은 것을 전해 줍니다. 우선 이것은 아이를 사랑하는 아빠의 마음을 전해 줍니다. 무심한 것 같고, 바빠서 자기와 상관없는 사람처럼 보였지만, 이 한 마디의 메모가 그런 아빠에 대한 생각을 바꾸어 놓습니다. 우리 문화에서 말로 쉽게 표현하지 못하는 사랑의 메시지도 이 메모는 전해 줄 수 있습니다. 아빠가 자신을 사랑하고 있고, 자기의 있는 모습 그대로 존중하고 있음을 아이가 느끼게 해 줍니다. 무엇보다도 아이 자신의 성장 과정에 아빠가 함께 있었다는 사실을 기억하게 해 줍니다.

그러려면 하루의 일과가 끝나고 귀가했을 때, 아빠는 스포츠나 뉴스에 먼저 매몰되지 않아야 합니다. 적어도 아이와 눈을 맞추어 인사를 하고, 가벼운 스킨십도 바람직합니다. 손바닥을 부딪치며 하이파이브를 한다든지, 아니면 어깨를 살짝 토닥여 줄 수 있습니다. 아이가 나서서 무뚝뚝한 아빠와 친해져야 하겠다는 결심을 하기 전에, 아빠가 먼저 아이에게 친밀감을 보여 주어야 합니다. 우선 가벼운 인사부터 시작하면 어떨까요?

"오늘 어땠어? 힘들지 않았어?"
"많이 피곤하겠다."
"공부할 게 많지?"
"너 하루 기분은 괜찮았어?"

스킨십과 한 마디 안부를 전하는 데 소요되는 시간은 30초가 채 안 됩니다.

끝으로 아이가 잠들기 전의 시간은 아빠가 아이와 함

께 기도할 수 있는 최고의 기회입니다. 작은 소리로 아이 곁에서 조용히 기도하며 하루를 마무리하는 것은 아이의 현재와 미래에 큰 영향력을 미칠 것입니다. 아이의 머리에 손을 얹고, 혹은 손을 잡고 하는 아빠의 기도는 60초 정도 걸릴 것으로 예상합니다. 인생의 주권자 하나님을 부르고 아빠와 함께 기도하는 것은 아이의 평생에 깊이 새겨지는 경험입니다.

어린 아들 이삭이 번제할 양은 어디 있느냐고 순진하게 물었을 때, 묵묵했던 아빠 아브라함은 따뜻하게 응답해 주었습니다. 아들을 놀라게 하지 않으면서도, 하나님이 친히 준비하실 것이라는 초월적 섭리를 말해 주었습니다. 외아들을 대하는 아빠 아브라함의 모습은 독생자를 기뻐하여 어쩔 줄 몰라 하시던 하나님의 목소리를 생각나게 합니다.

"이게 바로 내 아들이야. 내가 몹시도 사랑하지. 그리고 이 내 아들만 생각하면 내가 너무 기쁘다!"(마 3:17 사역).

아빠가 세상을 떠날 때까지 앞으로 남은 토요일이 몇

번일까요? 카트멜은 그의 책에서 그것을 계산했던 사람의 이야기를 소개합니다. 75세를 기준으로 우리가 평생 맞이하는 토요일은 총 3,900번입니다. 그런데 그 사람은 벌써 2,900번의 토요일을 써버렸고, 남아있는 토요일이 1,000번이었습니다. 그래서 그는 1,000개의 구슬을 사서, 매주 토요일마다 하나씩 다른 바구니에 옮겨 담는 일을 하기 시작했습니다. 남아 있는 시간의 소중함을 상기하면서 중요한 일을 잊지 않기 위해서입니다.

이 책을 읽는 아빠에게 남은 토요일은 과연 몇 번인가요? 아빠로서 아이들과 함께할 수 있는 토요일은 대체 몇 번이나 남았을까요? 하지만 왜 토요일뿐인가요? 아직 아이가 집에 있는 동안, 매일, 하루하루가 특별하고 소중합니다. 그 매일의 하루인 오늘이 아빠가 자녀에게 중요한 경험을 선물할 수 있는 특별한 날입니다. 그렇다면 남은 토요일의 7배를 더 선물할 수 있습니다.

아빠는 매일 아이와 소통할 수 있습니다. 셀 수 없이 많은 날 동안, 작은 사랑들을 표현하며 하나님에 대해 소통할 수 있습니다. 아빠와 따뜻한 기억을 공유한 아이들은 따뜻하신 하나님과 매일 동행하게 됩니다.

우리 아이가 커서 아빠나 엄마가 되었을 때, 자신의 아이들에게, "할아버지는 나에게 참 따뜻하셨어."라고 말해 줄 만한 뭔가를 남기는 것은 어떨까요? 좋은 아빠는 오늘 아침 10초를 써서 아이에게 짧은 사랑의 메모를 남깁니다. 귀가 후 30초로 하이파이브 하고 하루의 안부를 먼저 묻습니다. 그리고 아이가 잠들기 전 60초간 아이의 손을 잡고 진심으로 축복하며 기도해 줍니다. 이런 아빠는 하나님께로 가는 다리가 되어 주는 아빠입니다.

 아빠의 변화

아빠가 자녀에게 줄 수 있는 중요한 선물은 아빠 자신과 시간입니다. 자녀에게 필요할 때 함께 놀거나 곁에 있어 주는 것입니다. 자녀는 훗날 자기와 함께 있어 주었던 아빠를 기억할 것입니다. 아빠와의 따뜻한 기억은 하나님 아버지와의 따뜻한 기억으로 전환됩니다.

저의 박사 학위 지도 교수님인 미국 밴더빌트대학교의 보니 밀러-맥리무어(Bonnie Miller Mclemore) 교수님은 다른 연구자들과 함께 아동기 소명 의식에 대해 연구하였습니다. 아이들에게는 소명을 느끼는 순간이 있고, 그런 기억들이 어른이 되어서도 문득문득 떠오를 수 있다고 말합니다. 그렇다면 성인기의 소명과 직업은 커서 한순간에 만들어진 것이 아니라, 아이 때부터 조금씩 자란 소명 의식의 결과라는 것입니다. 예를 들어 필자는 주일학교에서 돌아오는 길에 문득 "주기도문 해설서"를 만들어 친구들에게 나누어 주겠다는 생각을 했고, 어느 목사님의 설교를 들으면서, "저건 하나님께서 나를 목사로 부르시는 말씀"으로 듣고 순종했습니다.

우리 아이들에게도 이와 같은 소명의 순간들이 있습니다. 이것은 하늘 아버지 하나님께서 당신의 자녀들을 부르시는 경험입니다. '소명' 하니까 겁이 덜컥 날지도 모르겠습니다. '혹시 우리 아들 목사 되는 것 아냐?' 물론 그것도 소명입니다. 하지만 밀러-맥리무어 교수님은 소명은 모든 사람에게 주어지는 일평생에 걸친 과정이며, 미래에 어떤 사람이 될 것인가 하는 아동기의 결심은 그 일부에 불과하다고 말합니다.

자녀가 자신의 미래에 대해 생각을 하고, 무언가를 깨닫고, '나는 이런 사람이 되어야지' 하는 모멘트(순간)는 매우 중요한 경험입니다. 어떤 외과 의사 선생님은 어릴 때 몹시 가난한 목사님의 아들로 자랐습니다. 시골 교회 목사님이었으니까 사례비 대신 성미, 즉 하나님께 드리는 성도들의 쌀과 곡식으로 근근이 살아야 했습니다. 아버지가 목사님이시니 성도들이 두려워 조용히 양봉하면서 초등학교 아들들에게 운반과 이동을 부탁할 정도였습니다.

그때 그 아들에게는 마음에 부르심과 결심이 있었습니다. "나는 커서 의사가 되어야겠다. 그래서 가난한 목회자들만 아니라 다른 사람들을 위해 경제적으로 돕는 사람이 되어야지!" 과연 그는 의과대학에 진학하여 외과 의사가 되었고, 지금도 서울에 있는 큰 병원에서 많은 환자를 진료하는 일과, 가난한 사람들과 목회자 후보생들을 위한 경제적 후원을 계속하고 있습니다.

아동기 마지막 무렵, 소년 예수는 아빠 요셉과 엄마 마리아와 함께 유월절을 지키기 위해 예루살렘 성전에 갔습니다. 유월절을 지킨 후 소년 예수는 예루살렘에 머물러 계셨고, 다른 가족들과 친구들은 고향으로 돌아가고 있었습니다. 하룻길을 간 후에야 아빠·엄마는 아들 예수가 자신들과 함께 오지 않았다는 사실을 발견하였습니다. 그래서 두 사람은 부랴부랴 다시 예루살렘으로 돌아가 사흘 동안 아이를 찾아다녔습니다.

사흘을 헤매던 끝에 아빠·엄마는 아들 예수를 찾았습니다. 예수님은 성전에 있었습니다. 많은 선생 가운데 앉아서 그들의 이야기를 듣기도 하고, 또 묻기도 하였습니다. 예수님의 말씀을 듣는 사람들은 한결 같이 그의 지혜와 대답을 놀랍게 여겼습니다(눅 2:46).

엄마가 물었습니다. "아이야, 어찌하여 우리에게 이렇게 하였느냐 바로 네 아버지와 내가 근심하여 너를 찾았노라"(눅 2:48). 마리아는 지혜로운 아내이자 엄마였습니다. 마리아는 요즘 말하는 나-전달법(I-Message)을 사용하고 있습니다. 아이의 상황을 확인하고, 아빠와 엄마가 근심했다는 말을 했습니다. 그리고 아빠 요셉을 먼저 언급합니다. 조용하고 의로운 남편 요셉을 자신보다 앞세우고 있음도 엿볼 수 있습니다.

소년 예수님이 엄마의 그 질문에 대답하였습니다. "왜 저를 찾으셨습니까? 제가 제 아버지 집에 있어야 할 줄을 모르셨습니까?"(눅 2:49) 마리아는 아들 예수의 말을 이해하지 못하였습니다. 예수님은 이미 하나님의 아들로서 선명한 자의식을 가지고 계셨습니다. 그리고 그 지혜와 지식은 가정 환경을 초월하고 있었습니다. 그는 이미 하나님의 부르심을 알았고, 선명한 자신의 정체성을 가졌습니다. 그러나 어머니 마리아는 조금도 눈치 채지 못하고 있었습니다. 그러나 한 가지 엄마 마리아에게는 겸손하게 듣는 귀와 저장하는 마음이 있었습니다.

"그 어머니는 이 모든 말을 마음에 두니라!"(눅 2:51).

이것은 야곱이 아들 요셉의 꿈 이야기를 듣고 보여 준

행동과 유사합니다. "그의 형들은 시기하되 그의 아버지는 그 말을 간직해 두었더라"(창 37:11).

　이후 예수님이 장성하여 갈릴리 가나에 가셨을 때 엄마 마리아는 아들 예수님의 정체성을 기억하였습니다. "저들에게 포도주가 다 떨어졌구나"(요 2:3). "그의 어머니가 하인에게 이르되 너희에게 무슨 말씀을 하시든지 그대로 하라"(요 2:5).

　때로 엄마·아빠들이 아이들의 꿈 이야기를 덮어 놓고 좌절시키기도 합니다. "뭐, 네까짓 게 의사가 된다고?" "이런 실력으로?" "말도 안 되는 소리 하지 마라!" 아이들은 꿈도 꾸지 말아야 할까요? 물론 꿈은 바뀔 수도 있습니다. 아이들의 꿈은 하루에도 몇 번씩 바뀌기도 합니다. 그러나 지금 실력에서 조금만 더 노력하면 꿈에 더 가까이 다가갈 수 있다고 격려해 주는 것은 어떤가요?

　아이들에게 한 번 물어보십시오.

"너 요즘 하나님께 듣는 음성 있니?"

"너의 삶에 대해, 앞으로 어떤 사람이 될지, 어떤 일을 하고 싶은지, 마음에 떠오르는 게 있니?"

"지금까지 혹시 미래에 대해 생각할 때, 문득 떠오르는 생각이나 경험이 있었니?"

"요즘 하나님은 너에게 어떤 말씀을 주시는 것 같아?"

자세히 생각해 보면 하나님은 분명히 오늘도 아이들에게 말씀하고 계십니다. 그 덕에 아이들은 오늘도 새로운 꿈을 꾸고 있습니다. 그렇다면 아빠에게는 질문, 경청 준비, 저장 능력, 격려의 의무와 사명이 있습니다.

아빠의 변화

아빠에게는 질문과 경청, 저장과 격려의 임무가 있습니다. 잔소리와 꾸중 대신 묵묵히 들어 주면 아빠를 대하는 자녀들의 태도가 바뀝니다. 이것은 아빠의 노력으로 가능합니다.

청소년 자녀들이 말하기 싫어하는 대화 주제들이 있습니다. 아, 제가 말을 잘못했네요. 청소년 아이들은 말하는 것 자체를 귀찮아합니다. 어떤 주제라도 엄마·아빠와 말하는 것 자체를 아예 처음부터 부담스러워하거나 싫어합니다. 더구나 그게 아빠라면? 대화는 자동문처럼 닫힙니다.

이런 아이들과 대화하는 것 자체가 아빠들에게 큰 숙제입니다. 아이들은 자라갈수록 자기 마음의 코드를 세분화시키면서, 거기에 맞지 않으면 마음 문을 쉽게 닫아버리기 때문입니다. 아빠가 할 일은 문을 열어 두고, 시작된 대화의 끈을 놓지 않는 것입니다.

전문가들에 따르면 자녀들은 부모의 말을 매우 현실적으로 번역하는 능력이 탁월합니다. 예를 들어, "내가 널 못 믿는 것은 아니지만…"이라고 말하면 아이는 그 말을 바로 "난 너 안 믿어!"로 번역합니다. "너도 나이가 들면 알게 될 거야."라고 말하면, "넌 아직 어리고, 그러니까 넌 멍청한 거야!"로 알아듣습니다. 이러니 아이들과 무슨 대화가 되겠습니까? 더구나 말하기 싫어하는 주제를 꺼내면, 예를 들어 행실이 불량한 친구와 어울리는 것, QT나 기도 습관 점검, 인터넷 사용이나 성에 관한 주제는 더욱더 대화하기 까다롭습니다.

청소년 자녀를 둔 아빠의 맷집이 필요합니다. 이런 딸을 생각해 보시죠. 한심하다는 듯 흘겨보며 화난 목소리로 자기 방으로 들어갑니다.

"아빠, 아빠는 지금 내가 무슨 말 하는지도 모르잖아!"

그리고는 문이 쾅 닫힙니다. 그럼 아빠는 조용히 으르렁거립니다.

"으이그, 저 계집애를 그냥. 너는 내 마음을 알아?"

그리고는 몇 시간, 심지어 며칠간 차갑게 입을 앙다문 딸만 보아야 합니다. 아빠가 되는 것은 참 어렵습니다. 어린 딸이 아빠의 마음을 알 리 없습니다. 그래서 아빠는 그만하자고 말합니다.

> "나 그냥 나중에 너 대학생 됐을 때부터 다시 아빠 할게."

그러나 현실에서는 솟구쳐 오르는 분노를 삭이고, 속으로 끓어오르는 열을 차분히 눌러 주어야 합니다. 그리고 정반대로 접근해야 합니다. 바로 웃음을 공유하는 것입니다. 물론 재미있는 동영상 찾았다고 아이에게 전달하면 틀림없이 이렇게 말할 것입니다.

> "아빠, 이건 몇 년 전에 나온 거예요."

괜찮습니다. 그래도 아빠는 꿋꿋이 버텨야 합니다. 반응 온 것이 어디입니까? 아빠의 유머 감각에는 자가 굴욕이 포함됩니다. 아이들 앞에서 망가지지 않고서는 고집 센 아이들의 웃음을 끌어내기 어렵습니다. 자기감정에 들어와 웃겨 보려고 애쓰는 아빠의 모습 자체가 아이들에게 웃음을 줄 수 있습니다. 그런 아빠를 '기특하게' 생각하며 말

문을 열어 줄 수도 있습니다. 아이들에게 없는 맷집이 아빠에게는 많습니다.

아빠의 또 다른 문제는 할 말이 너무 많은 것입니다. 아이에게 말할 기회를 주지 않고 평소의 부정적인 생각들을 연발합니다. 그런 아빠는 아이들을 질리게 합니다. 많은 말 대신 정직하고 진실한 마음의 이야기로 시작하면 좋겠습니다. 아이에게 따뜻하게 묻고, 아이의 이야기가 끝나는 지점을 잘 포착해야 합니다. 아이가 충분히 말한 후 잠시 쉬는 틈에 아빠도 이야기할 수 있습니다.

중요한 이야기는 분위기가 좋을 때 하는 것이 기본입니다. 사실 아빠에게는 두려움이 있습니다. '아이가 다시 마음의 문을 닫아버리면 어떡하지?' 그럴 때 솔직하게 나-전달법을 쓰십시오.

"사실, 이런 이야기하면 네가 마음 문을 닫아 버릴까봐 두렵다. 하지만 이건 너무 중요한 것 같아 꼭 이야기해야 할 것 같아. 이것 때문에 며칠간 고민하면서 기도했거든."

이 정도 이야기하면 아이들은 진지하게 듣기 시작할 것입니다. 아빠 내면의 두려움을 인지하면 아이들은 다시 생각합니다. 그럴 때 경건, 성, 친구에 대한 중요한 이야기들을 나눌 수 있습니다.

물론 자기 이야기를 마친 후에라도 아빠는 아이의 이야기를 다시 들어야 합니다. 아빠가 할 말을 다 했다고 대화가 끝나는 것이 아니며, 아빠 이야기를 들은 아이에게도 자신의 관점이 있으니까요. 아이의 이야기를 들으면서 아빠는 아이의 입장에서 이해하기 위해 다시 노력해야 합니다. 이런 순간을 가리켜 부모의 "입에 테이프를 바르는 순간"(Duct Tape Moment)이라고 말합니다.

아이들도 아빠에게 자신의 힘들었던 경험을 말하는 것을 두려워합니다. 혹시 꾸중 듣거나 거절당하지 않을까 하는 걱정입니다. "뭐라고? 그런 일이 있었는데 왜 이제야 이야기하는 거야?" 이런 뻔한 반응 대신 조금 더 수용적이고 창의적인 말은 어떨까요? "그런 일이 있었구나. 그동안 말도 하지 못하고 혼자 참느라 고생이 많았겠네."

거절의 상처가 아빠들에게도 있습니다. 아빠가 모처럼 시간을 내어 아이에게 제안합니다.

아빠: "아빠랑 지금 같이 게임 할까?"
아이: "잠깐만요, 아빠. 지금은 안 돼요!"

이런 일은 수도 없이 많이 일어납니다. 아빠가 좋아하는 테니스, 아들은 싫어합니다. 아빠가 좋아하는 등산, 딸은 피곤해 합니다. 아이가 좋아하는 게임, 지금은 때가 아니라고 말합니다. 아빠는 상처 받습니다. 상처 받은 아빠는 혼자서 중얼거립니다. "이 녀석이, 내가 모처럼 시간 냈는데 거절해? 다시는 놀아 주나 봐라!"

아빠라도 거절당하면 아픕니다. 기분이 나빠서 다시는 안 놀아 주겠다고 벼릅니다. 아이가 요청할 때, 나도 멋지게 상처를 주겠다고 마음으로 결심합니다. 그러나 그게 아닌 것은 아빠 자신도 잘 압니다. 지금 안 된다고 한 것은 아빠를 거절하는 것이 아니라 때가 아니라는 것입니다. 그것을 구별하고 나면 아빠의 말이 달라질 수 있습니다.

"그럼 언제가 좋아? 뭘 하면 좋을지도 나중에 얘기하자!"

대화를 열어 놓으면 아이들이 자유롭게 결정할 수 있습니다. 아빠가 상처를 조금만 참으면 아이들이 자신의 잠재력을 발휘할 수 있습니다. 아빠가 허락하면 아이들은 아빠를 지휘하는 리더십을 연습합니다. 새끼 표범이 어미 표범과 놀자고 할 때 어미는 새끼와 놀아줍니다. 어미의 숨바꼭질이나 씨름은 결국 새끼 표범을 똑똑한 사냥꾼이 되는 훈련 과정입니다.

마지막 한 가지 아빠가 기억할 것은 아빠는 아이의 죄에 대해서는 언제나 진지해야 한다는 사실입니다. 교만하지 않도록, 자랑하거나 과시하지 않도록, 성적으로 순결하도록, 예배에 빠지지 않도록, 아빠는 자녀의 거룩에 모든 감각을 곤두세운 파수꾼입니다. 특히 교만은 경계 대상 1호입니다. 초등학생 아이도 자기가 다른 아이보다 공부를 '더' 잘한다는 이유로 교만해질 수 있고, 그것을 이유로 자신감이 충천할 수 있습니다. 자기가 더 좋은 아파트에 산다는 이유로 다른 아이들을 업신여길 수도 있습니다. 아빠는 잘한 것에 대해 칭찬하지만, 다른 아이보다 '더 낫다'는 교만은 지적해 주어야 합니다. 이런 영혼의 소통을 위해서라도 아빠는 아이와의 대화를 계속 이어나가야 합니다. "공부 참 잘했어. 감사하고 자랑스럽구나. 그러나 혹시 다른 아이들보다 내가 더 나은 사람이라는 자만심은 회개하자!" 그리고 아빠의 분노는 딱 한 가지의 경우를 위해 늘 아껴 두십시오. 하나님 앞에서 저지르지 말아야 할 교만의 죄를 지을 때!

 아빠의 변화

자녀에게 따뜻하게 묻고, 중요한 이야기는 기분이 좋을 때를 기다리세요. 속상한 일도 조금만 참고 기다려 주고, 죄의 문제는 낮고 진지한 목소리를 사용하세요.

　내 아이를 공부 잘하는 아이로 키우는 것은 모든 부모의 공통적인 바람입니다. 그래서 학원들은 너도나도 공부 잘하는 아이를 만들어 주겠다고 '약속'합니다. 하지만 모든 아이가 똑같이 공부를 잘할 수는 없습니다. 아이들은 가능성과 더불어 '한계'도 함께 가지고 있기 때문입니다. 내 아이의 한계를 인정하고 받아들이는 것은 부모로서 받아들이기 참 힘든 일입니다.

　부모에게 더 중요한 것은 아이가 노력하며 공부에 집중하는 태도입니다. 왜냐하면 현재의 좋은 성적보다는 공부에 대한 열정이 아이를 장차 사회적으로 성공하도록 만들기 때문입니다. 이것은 미국 스탠포드대학교의 심리학 교수인 캐롤 드웩(Carol Dweck) 박사의 연구에서 나온 결론입니다. 드웩 박사에 따르면 아이가 공부에 집중할 때, 그 자체가 장차 사회생활에서 자신이 맡은 일에 대한 집중력과 성공 가능성을 높여 준다고 합니다.

　그렇다면 아이의 성적에 대한 기대를 부풀릴 것이 아

니라, 아이로 하여금 공부에 집중하도록 돕는 것이 부모의 최대 과제 중 하나입니다. 그렇다면 아이의 생각을 교정하는 것이 먼저 필요한데, 드웩 박사에 따르면 아이의 성적 향상이 자신의 집중과 노력에서 나왔음을 믿게 해야 한다고 말합니다. 만일 머리가 좋아서 그런 결과가 나왔다고 생각한다면 머리만 믿고 노력하지 않을 것이기 때문입니다. 자신의 노력과 집중이 바람직한 결과를 갖고 온다는 사실을 믿는다면 아이는 단기간에 높은 성적을 얻는 것보다 더 큰 것을 얻은 것입니다. 그 과정에서 삶에 대한 책임감과 성실한 태도를 배우기 때문입니다.

그렇다면 아빠가 아이를 칭찬할 때는 이렇게 말해 주어야 합니다.

"네가 열심히 노력하는 모습 자체가 너무 멋지다."

아이들은 언제나 자신의 행동과 노력에 대해 피드백을 받고 싶어 합니다. 성적이 떨어졌을 때는 성적 자체보다 '마음'에 관심을 가지기 바랍니다. "너 기분은 괜찮아? 너무 속상해하지 마. 다시 노력해 보자!" 그래서 아빠의 만족이 '성적 자체'가 아니라 자신의 '노력하는 태도'라는 것을 아이에게 각인시켜 주어야 합니다.

성적이란 노력해서 올릴 수도 있지만, 문제의 난이도에 따라 떨어질 수도 있습니다. 성적이 갑자기 큰 폭으로 떨어지거나 계속하여 하향 곡선을 그리고 있다면, 아이를 꾸중하기 전에 공부 외에 다른 원인이 있는지 살펴보아야 합니다. 아이들을 산만하게 하여 공부에 집중하지 못하게 하는 여러 가지 심리적, 관계적 요인들이 있을 수 있기 때문입니다. 아빠는 아이의 마음을 산만하게 하여 공부를 방해하는 요소들을 우선 제거해 주어야 합니다. 그래야 아이가 더 잘 집중할 수 있습니다.

무엇이 아이의 공부를 방해하고 산만하게 할까요? 우선 성적에 대한 부모의 과도한 기대입니다. 부모가 성적에 연연하는 모습을 보이면, 아이에게 공부는 스스로 하고 싶은 어떤 것이 아니라 '부담스러운 것'이 됩니다. 부담되는 일은 하면 할수록 스트레스가 쌓이고, 기쁨과 보람이라는 보상은 없어집니다. 부모가 정한 고등학교, 반드시 들어가야 할 대학교와 학과는 아이에게 부담을 줄 뿐만 아니라, 심지어 아이를 심각한 무기력과 우울증에 빠트리기도 합니다.

남자아이들은 우울해 지면 기분이 침체되기만 하는 것이 아니라 폭력적인 언어와 행동을 할 수도 있습니다. 평소에 성적이 높고 자신에 대한 기대가 높은 아이들에게도 관심은 필요합니다. 이런 아이들은 평소에 자신에게 강하게 동기 부여를 하면서 경쟁하니 지쳐 있습니다. 부모는 그런 아이를 계속 압박하며 더 잘하라고만 할 것이 아니라, 아이를 쉬게 하고 안심하게 해야 합니다. 자신감을 북돋워 주고 입버릇처럼 아이를 격려해 주어야 합니다.

"성적보다 더 중요한 건 공부와 인생에 대한 너의 적극적인 태도란다."

"그런 의미에서 너는 지금까지 너무나 성실하게 잘해 왔어. 아빠는 네가 자랑스럽고 고맙다."

성적이나 등수에 대한 탐욕은 자녀에 대해 조급증을

일으킵니다. 그러므로 아빠들은 우선 내 자녀에 대한 탐욕을 우선 점검해 보아야 합니다. 왜냐하면 작은 탐욕이 아이들의 노력을 물거품으로 만들 수 있기 때문입니다. 학생 시절 공부를 잘했던 부모 가운데는 아이에게 자기 방식의 공부를 강요하는 경우들이 많습니다. 그것은 참 위험한 양육입니다. 아이의 성적이 올라가기를 진정으로 원한다면, 성적 대신 노력 자체를 칭찬하고 격려해 주는 아빠가 되어야 합니다.

자녀들이 편안하게 공부에 집중하게 하려면 부모는 틈나는 대로 아이를 안아 주고 토닥거려 주어야 합니다. 부모의 따뜻한 터치가 없이 유기된 아이들은 만성 스트레스, 집중력 장애, 기억력의 오작동과 같은 어려움이 따릅니다. 연구자들에 따르면 사랑의 터치는 아이의 친밀감, 신뢰, 안정감을 강화하고 더 나아가 면역력을 높입니다. 동시에 사랑의 터치는 뇌의 긍정적인 작동을 활성화하고 학습 능력이 향상되게 합니다.

그러나 다수의 아빠나 엄마는 아이와의 잦은 피부 접촉과 애정 표현이 아이를 나약하게 하지나 않을까 두려워합니다. 그래서 아이들을 일부러 멀리하고 정서적으로 거리를 유지하는 경우들도 많았습니다. 그러나 사랑의 터치는 아이들을 나약하게 하는 것이 아니라 오히려 강하게 만듭니다. 아이들의 마음을 안심하게 하고, 하루하루의 스트레스로부터 아이들을 풀어줍니다. 아빠의 건강한 사랑의 터치도 아이의 자존감을 강화합니다. (물론 이것은 아이가 불편하게 느끼는 추행이나 일방적인 터치를 합리화하려는 것은 결코 아닙니다.)

공부의 효율성을 높이기 위해 아빠가 신경 써야 할 것들이 좀 있습니다. 아이가 앉았을 때 팔을 올릴 수 있는 가슴 높이의 책상, 머리 위의 천장 조명과 책상 스탠드, 숙제나 스케줄을 쓰는 탁상용 달력이나 일정표, 컴퓨터 작업과 필기를 함께할 수 있는 책상 배열 등 집중력을 높이는 공부 환경은 중요합니다. 그러나 더 중요한 것은 정서적 안정입니다. 아이에게 좋은 성적을 기대한다면 아이의 정서 안정이 우선입니다. 불안한 아이의 마음을 살피고, 화가 난 이유를 물어야 합니다. 친구들 사이의 경쟁이 세고 아이 자신도 완벽주의 성향을 갖고 있다면 불안과 스트레스는 커질 것입니다. 그런 아이에게 부담스런 기대를 명시적·암시적으로 요구하는 대신 아이가 자신의 불안과 스트레스에 대해 이야기할 수 있는 기회를 주어야 합니다. 성급하게 문제를 해결해 주려 하기보다는 판단 없이 들어 줄 필요가 있습니다. 아이들이 편안히 공부에 몰입할 수 있도록 따뜻한 정서적 환경을 조성해 주어야 하는데, 가족 분위기를 친절하고 따뜻하게 만들어 가려는 아빠의 노력이 매우 중요합니다.

공부는 아이들이 합니다. 아이들은 부모가 자신의 마음을 알아주기를 기대합니다. 이미 대학생이 된 자녀들 중에서도 탄식하는 경우가 있습니다.

"아빠가 따뜻하게 저를 대해 주시기를 오랫동안 바랐는데 안 되는 건 안 되더라고요!"

자녀들은 인공지능 알파고가 아닙니다. 여러 학원을 다니고, 좋은 선생님을 만났다고 학습 능률이 오르는 것은 아닙니다. 안정된 정서적 환경에서 아이들은 최상의 집중력을 발휘할 수 있습니다. 아이의 마음을 살피고, 안정된 분위기를 만들어 주고, 성실한 노력을 인정해 주면, 아이는 자신에게 주어진 잠재력을 최대한 발휘할 뿐만 아니라, 평생 책임감 있는 사람으로 성장할 것입니다.

안정된 정서적 환경에서 자녀들은 집중력을 가장 잘 발휘할 수 있습니다. 좋은 성적보다 자녀의 노력을 더 칭찬할 수 있다면 당신은 성숙한 아빠입니다.

6. 공부에 집중하는 자녀 2

자녀를 공부에 집중하게 하려면 첫째, 부모와 함께 식사를 해야 합니다. 아이들과 부모가 함께 식사를 하는 것은 아이들의 성장에 매우 중요합니다. 컬럼비아대학교의 연구 결과에 따르면, 일주일에 다섯 차례 이상 부모와 함께 식사하는 아이들에게는 섭식 장애가 적다고 합니다.

집에서 따뜻한 음식을 부모와 함께 먹는 아이들은 음

식 섭취와 관련된 나쁜 습관들이 적다는 뜻입니다. 마음이 안정되고 책임감 있는 사람으로 자랍니다. 물론 성적도 마찬가지입니다. 가족이 함께 식사할 때 아이들의 성적이 오르고, 자존감이 높아지며, 우울증, 비만, 여타 중독 등의 위험을 예방할 수 있습니다. 부모와 함께하는 식사 자리는 부모의 경험과 아이들의 꿈을 나누는 자리이기도 합니다. 그래서 어려운 일이 있을 때 아이들이 다시 일어설 수 있는 회복 탄력성이 높아질 수도 있습니다.

자녀를 공부에 집중하게 하려면 둘째, 아이들이 잠들기 전에 전자 기기를 꺼야 합니다. 잠자기 30분 전에는 텔레비전, 인터넷, 핸드폰을 끄는 것이 아이들을 깊이 잠들게 도와줍니다. 깊은 휴식을 취하는 아이들은 집중력이 높아집니다. 그런데 62%가 넘는 아이들이 불을 끈 후에도 핸드폰을 작동시켜 무엇인가를 계속 보고 있습니다. 아이들을 도와서 잠자는 시간을 충분히 확보하도록 해야 합니다. 작은 불빛이라도 아이들의 수면을 방해하지 못하도록, 수면 집중력을 높이도록 해야 합니다. 숙면 시간이 적을수록 공부를 담당하는 인지 부분의 뇌가 정상적으로 작동하는

데 어려움을 겪습니다. 공부에 집중하는 아이로 자라게 하려면 부모는 아이의 수면을 잘 살펴 주어야 합니다.

셋째, 부모님들이 텔레비전을 비롯하여 전자 기기를 먼저 끄셔야 합니다. 아이들에게는 공부하라고 해 놓고 부모는 텔레비전이나 인터넷을 보면서 좋아하고 있다면 그것은 아이에게 공부하지 말라는 것과 같습니다. 전화 통화를 할 때도 공부하는 아이에게 방해가 되지 않도록 큰 소리를 삼가야 합니다. 아이의 스케줄에 맞추어 세심하게 배려하고 함께 동참해야 합니다. 아이의 시간표를 가능한 한 정확히 기억하고, 아이가 공부하는 시간에는 부모가 기도 시간을 갖거나, 성경읽기 혹은 독서를 하는 것도 좋은 방법이 될 것입니다.

넷째, 휴식 시간을 미리 알려 주십시오. "한 시간 반 공부하고 나면 간식 같이 먹으면서 좋아하는 프로그램 엄마랑 잠시 같이 보자!" 만일 공부하러 들어가는 아이가 엄마의 이런 약속을 듣고 들어간다면, 아이는 주어진 시간에 정말 신나게 공부할 것입니다. 이런 약속도 좋습니다. "공부한 후에 함께 쉬자!" "2시간 공부 마치면 엄마랑 수다 떨며 재미있는 동영상 같이 볼까?" 휴식은 과학입니다. 그 효과들은 과학이 입증하고 있습니다.

다섯째, 조급한 마음을 내려놓고 아이를 신뢰하셔야 합니다. 아이를 믿지 못하면 휴식 시간을 주지 못합니다. 부모는 아이를 감시하려고 할 뿐, 신뢰 가운데 서로 함께 가기가 어렵습니다. 아이가 혼자 쉬는 시간도 필요합니다. 쉬고 있는 아이가 압박감을 느끼지 않도록 주의합시다. "다른 아이들은 지금 얼마나 열심히 공부하는지 아니?" 이런 말로 인해 생긴 불편한 마음이나 죄책감은 아이의 자신감을 빼앗아 갈 수 있습니다. 충분히 쉬게 하고, 쉬는 시간에 아빠·엄마의 깜짝 응원이나 맛있는 간식도 큰 힘이 될 것입니다. 그러면 조금 쉰 후 새삼 "이제 다시 공부하러 갈까?" 말하지 않아도 아이 스스로 공부방으로 갈 것입니다.

쉼도 돌봄과 격려의 일부입니다. 아이들은 쉬는 시간을 통해 부모의 신뢰와 여유를 느낍니다. 연구자들에 따르면 쉬는 시간은 뇌의 집중력과 기억력을 높여 줍니다. 쉬는 시간을 통해 뇌가 앞에 공부한 것을 정리하고, 책상이나 수업으로 다시 돌아왔을 때 그 다음 지식들을 더 잘 받아들이게 한다는 것입니다. 더구나 친구들과 같이 쉴 때는 규칙을 지키는 법, 기다리는 법, 다른 사람을 존중하는 법을 배우는 사회적 작용의 시간입니다. 쉬는 시간이 그만큼 중요합니다.

끝으로, 자녀들과 식사하는 즐거운 자리에서 삶의 목적과 소명에 대해 이야기 나누세요. 가족의 저녁 식사는 부모의 성숙한 신앙과 아이들의 새로운 신앙이 함께 어우러지는 곳이기도 합니다. 그 유익은 이루 말할 수 없이 많습니다. 공부의 사기를 올려 주는 최고의 방법은 공부 자체에 대한 목적의식을 길러 주는 것입니다. 하나님의 자녀들은 왜 공부를 열심히 해야 할까요? 공부의 목적은 생명과 지혜를 주신 하나님께 있기 때문입니다.

아이들은 어떤 직업, 어떤 일을 하는 것보다 우선 하나님을 위하여, 이웃들을 위하여 어떤 사람이 될 것인가를 먼저 생각해야 합니다. 그것은 순전히 부모님과의 대화에서 나올 수 있습니다. 세상에서 내 아이가 하나님의 복을 받기 원하는 이유는, 받은 그 복을 이웃들과 나누도록 하려는 것입니다. 할 수 있다면 잠깐이라도 이런 목적을 두고 함께 기도하십시오.

"하나님, 우리 00가 이 공부를 잘 감당함으로, 하나님
과 이웃들을 위해 꼭 유익한 사람이 되게 해 주세요!"

소리 내어 기도하고 맛있는 식사 자리에서 함께 이야
기할 때, 공부의 목적과 영적인 방향이 분명해지고, 공부
의 효과는 더욱 커질 것입니다. 아빠의 변화는 사랑입니다.
자녀를 공부에 집중하게 하는 최선의 지름길은 아빠가 변
하는 것입니다. 아빠가 먼저 변하여 식사 습관, 휴식 습관
을 바꾸고, 아이의 공부 환경을 최적화시켜 주세요. 아이
의 변화가 눈에 띌 것입니다.

아빠의 변화

아빠가 변하면 자녀가 달라질 수 있습니다. 자녀와 함께
식사하고, 아빠의 전자 기기도 끄고, 자녀의 휴식 시간을
미리 알려 주어야 합니다. 그리고 하나님과 이웃을 위해 어
떤 사람이 될지 함께 이야기하십시오.

성경에서 아빠와 아들의 대화는 흔하지 않습니다. 대개 아버지들의 지시나 축복, 자녀들의 요구가 나올 뿐, 서로 긴 대화를 하는 장면은 만나기는 그리 쉽지 않습니다. 그래도 모리아 산으로 가는 아빠 아브라함과 어린 아들 이삭의 대화 (창 22:7-8), 늙어 눈이 어두운 아빠 이삭과 그를 속이고 축복을 받으려는 아들 야곱의 대화(창 27:18-29), 동생에게 속아서 울며 아빠 이삭에게 매달리는 아들 에서의 대화(창 27:31-40). 이 정도에서 그나마 오래전 아빠와 아들의 대화들을 엿볼 수 있습니다. 수천 년이 지났으나 자녀와의 대화는 아빠들에게 여전히 어려운 숙제입니다. 더군다나 대화 자체도 어려운데 신앙적인 대화는 도대체 어떻게 해야 할까요?

1) 예배하는 아빠의 삶 자체가 최고의 신앙적 대화입니다

저를 비롯해 우리 세대들은 자랄 때 아빠와 대화를 했던 기억이 그리 많지 않습니다. 다정다감하고 상냥하기보다는 무뚝뚝하고 말수가 적은 것이 과거 남성들의 특징이었기 때문입니다. 그러나 오늘날도 그다지 다르지 않습니다. 상담을 해 보면 아빠들과 소통이 안 되다 보니 가족들이 대화 없이 서로의 마음을 짐작만 한다거나, 심지어 아빠들이 아이들을 때리거나 괴롭히는 일도 많습니다. 다행히 대화의 결핍 속에서도 아이들은 잘 자라왔고, 또 잘 자랄 것입니다.

저도 말수가 매우 적은 아빠 아래에서 자랐습니다. 사랑한다는 말도, 공부 잘했다는 말도, 생일 축하한다는 말도 좀처럼 한 적이 없으신 아빠였습니다. 하지만 주일 아침이 되면, 엄마는 어른 예배를 위해 뒤에 따로 오시고, 아빠는 어김없이 자녀들을 데리고 일찍 시골 교회 주일학교에 가셨습니다. 때로 장마철에 시냇물이 불어 어린 자녀들이 건널 수 없을 때는 얕은 곳으로 가서, 바지를 걷어 올리고 한 명씩 업어서 건네주셨습니다. 지금도 아빠 등에 업혀서, 빠르게 흘러가는 황토 물을 내려다보면서, 마치 물에 잠긴 아버지의 다리가 물만큼 빠르게 상류로 올라가는 것 같은 어지럼증에 눈을 꼭 감았던 기억이 납니다. 그 순간 아버지의 등이 따뜻했다는 느낌도 잊지 못합니다.

시대의 문화든, 개인의 기질이든, 말 없는 아빠가 억지로 말 잘하는 아빠가 될 필요는 없습니다. 말이 아니어도 많은 말을 할 수 있기 때문입니다. 넓은 의미에서 본다면 어린 자녀들이 경험하는 아빠의 모습 자체가 신앙적 대화입니다. 아빠가 주일 예배에 참여하는 모습이라든가, 헌금할 돈을 꼬박꼬박 나눠 주는 것, 즐겁게 교회 봉사하는 모습, 진지한 식탁 기도, 가정 예배를 인도하는 아빠의 모습 전체가 어린 시절 아이들에게 깊이 각인되는 신앙적 대화이며 메시지입니다.

아빠 아브라함과 아들 이삭의 대화를 생각해 보십시오. 아브라함이 얼마나 자주 하나님께 제사했는지 우리는 짐작할 수 있습니다. 이삭을 제물로 드리기 위해 모리아 땅에 있는 한 산으로 올라갈 때, 이삭은 일상적이고 당연한 것 한 가지가 빠져 있어서 아빠 아브라함에게 질문합니다. "불과 나무는 있거니와 번제 할 어린 양은 어디 있나이까?"(창 22:7-8).

어린 이삭의 질문에서 느껴지는 가족의 분위기는 어떻습니까? 불과 나무와 어린 양이 있어야 하나님께 번제를 드릴 수 있다는 것은 어린 이삭도 아는 상식이었습니다. 아빠 아브라함은 자주 하나님께 번제를 드렸고, 그 번제를 통해 이삭은 하나님, 예배, 제사에 대해 잘 알고 있었습니다.

예배하는 아빠의 삶이 최고의 신앙적 대화입니다. 하나님을 사랑하고 경외하는 마음을 보여 주는 대화입니다. 사랑에는 감정이 포함되지만 사랑이 감정은 아닙니다. 아빠가 하나님을 사랑하는 것은 가슴으로 느껴지는 어떤 뜨거운 느낌이 아니라, 하나님의 말씀을 읽고 듣고 순종하면서, 하나님께 예배하는 삶이야말로 아빠들이 보여 줄 수 있는 최고의 신앙적 대화입니다.

아빠의 변화

> 말이 아니어도 많은 말을 할 수 있습니다. 어린아이가 경험하는 아빠 자체가 곧 많은 대화와 같습니다. 삼위일체 하나님을 예배하는 아빠가 되세요.

2) 두 번째 최고의 대화법은 경청입니다

좋은 아빠들은 나름 고민과 부담을 가지고 있습니다.

"어떻게 하면 아이들에게 말을 걸 수 있고, 또 어떻게 하면 대화를 잘할 수 있을까?"
"어떻게 하면 좋은 아빠가 될까?"

이 질문들에 대한 대답은 바로 경청입니다. 경청이란 마음으로 듣는 것이고, 또 아이들의 말을 기억하는 것입니다. 잘 들으면 물어볼 질문이 생기고, 잘 물어보면 대화는 자연스럽게 이어집니다.

아이들은 본래 아빠와 친하게 지내고 싶어 합니다. 아이들에게는 아빠를 향한 친밀감의 욕구가 있습니다. 좋은 아빠는 그런 아이들을 조심스러워 하면서도 아이들에게 다가가는 것을 두려워하지 않습니다. 그리고 아이들의 이야기에 귀를 기울입니다.

어린 요셉이 꿈을 꾸었습니다. 밭에서 곡식 단을 묶었는데, 요셉의 단이 일어서고 형들의 단이 둘러서서 절을 했습니다. 요셉이 또 꿈을 꾸었습니다. 해와 달과 열한 별이 요셉에게 절했습니다. 요셉이 꿈 이야기를 했을 때, 형들은 요셉을 더 미워하고 아빠 야곱도 꾸짖었습니다. "네가 꾼 꿈이 무엇이냐 나와 네 어머니와 네 형들이 참으로 가서 땅에 엎드려 네게 절하겠느냐?"(창 37:10).

이럴 때 아빠가 아이를 꾸짖는 것은 당연합니다. 아이가 스스로 교만해지거나, 자기가 잘났다고 생각하며 다른 사람들을 업신여길 때, 아빠는 아이의 교만을 경계해야 합니다. 그러나 좋은 아빠는 그 이야기를 평범하게 지나치지 않습니다. "그의 형들은 시기하되 그의 아버지는 그 말을 간직해 두었더라"(창 37:11).

경청은 기억하는 것입니다. 무엇이든지 아이의 행동이나 말을 기억하십시오. 스냅 사진을 찍듯 아이의 의미 있는 행동, 말, 표정, 장면을 기억해서 머릿속에 저장하십시오. 그리고 언제든지 그 기억을 되살려 아이에게 말을 걸 수 있다면 당신은 좋은 아빠입니다.

동료 교수 중 한 분이 오래전 다섯 살 어린 아들을 데리고 사우나에 갔습니다. 하필 그날 몸에 문신한 젊은 남성들이 많이 와서 사우나를 하고 있었습니다. 그냥 같이 있기만 해도 살벌함이 느껴지는 분위기에서 어린 아들이 또롱또롱한 목소리로 아빠에게 물었습니다.

"아빠, 이 아저씨들은 왜 몸에 그림을 많이 그렸어?"

아빠로서는 당황할 수밖에 없었습니다. 깡패라고, 혹은 조직폭력배라고 말해 줄 수도 없었기 때문입니다. 난감한 상황에서 순간 지혜가 떠올랐습니다.

"응, 이 아저씨들은 그림을 너무 좋아해서 몸에다 그림을 많이 그린 거야."

그 이야기에 문신한 아저씨들도 함께 웃고 그 상황을 잘 넘길 수 있었습니다.

아이들이 질문할 때는 어떤 것이든 친절하게 성의껏 대답해 주십시오. 대답의 내용이 정확하고 분명하면 좋겠지만, 그렇지 않아도 괜찮습니다. 언제나 그러하듯 질문하는 아이의 마음은 똑똑한 대답을 듣는 것이 아니라, 자기 질문을 진지하게 받아 주고 주목해 주는 태도를 더 중요하게 여기기 때문입니다.

요셉의 꿈은 장차 그 가정에, 그리고 이스라엘 민족에게 일어날 일에 대한 하나님의 계시였습니다. 비록 요셉이 조롱받고 꾸중 들었지만, 그 꿈을 주신 분은 하나님이셨고, 아빠 야곱은 어쩌면 어렴풋이나마 그 꿈의 중요성을 느꼈습니다. 하나님은 '요셉이 장차 애굽의 총리가 될 것이다'라는 직언이 아니라, 꿈이라는 메타포(은유)를 통해 먼 미래의 일들에 대한 흐릿한 밑그림을 제공하셨습니다. 이것이 하늘에 계신 우리 하나님 아버지께서 좋아하는 대화 방식입니다.

이런 하늘 아버지의 소통 방식을 이해하는 아빠들이 할 일은 아이와 함께 미래를 기대하는 것입니다. 하나님의 신비로운 계획이 감추어져 있어서 그 뜻을 다 모른다고 해도, 요셉과 같은 아이들을 통해 살짝 보여 주시는 하나님의 부르심의 빛을 신기해하며 함께 기대해야 합니다. 마치 아이의 작은 몸이 성장의 끝이 아니라, 몸 마디마디가 성장의 잠재력을 품고 하루하루 성장하는 것처럼, 아이의 인생에 심어 놓으신 하나님의 계획과 잠재력은 측량 불가 합니다. 그 앞에서는 아빠나 아이들이나 경탄과 기대밖에 달리 반응할 것이 없습니다.

좋은 경청은 기억력을 발휘하는 것입니다. 아빠들에게 세밀한 기억력이 필요합니다. 어린 자녀의 재능이나 장점이 삐져나오는 삶의 짧은 순간들을 마음에 새겨 두세요. 그러나 관심 있게 보지 않으면 그 순간이 아빠들에게 전혀 보이지 않을 수도 있습니다. 아빠들이 바쁜 만큼 아이들의 아동기는 순식간에 지나갑니다.

자녀들을 신비로운 꿈과 넓은 미래로 부르시는 분은 하늘의 아버지 하나님이십니다. 자녀들은 우리의 소유가 아니라 그분의 소유입니다. 자녀들은 그분의 기업이며 그분의 친자녀들입니다. 그렇다면, 땅 위에 있는 아빠와 아이들은 자신들의 소원이 아니라 하늘 아버지의 계획이 무엇인지 함께 궁금해 해야 합니다. 마치 퍼즐 조각을 맞추듯 아빠는 아이들의 입에서 나오는 말과 몸으로 보여 주는 행동들을 경청하고 기억해야 합니다. 아이들 각자에게 심어 주신 소명의 씨앗들, 아이의 재능과 꿈들을 관찰하고 경청하며, 그것들을 대화 제목으로 삼는 것은 아빠들의 몫입니다. 아이가 자랄 때 함께할 시간, 생각보다 그렇게 많지 않습니다.

아빠의 변화

> 경청이란, 마음으로 듣고 머리로 기억하는 것입니다. 자녀의 행동과 말을 많이 기억하십시오. 사진도 많이 찍으십시오. 그래서 훗날 이야기할 것이 많아야 합니다. 똑똑한 대답보다 따뜻한 대답이 더 중요합니다.

3) God-Talk을 생활화 하십시오

요셉과 다윗의 중요한 공통점은 갓톡(God-Talk)입니다. 갓톡이란 하나님의 이름을 사용하는 대화를 말합니다. 요셉과 다윗의 화법에는 하나님이 일상화되어 있어서 언제든지, 거리낌 없이 하나님을 언급하였습니다.

요셉은 자신을 유혹하는 보디발의 아내에게 담대하

게 갓톡하였습니다. "그런즉 내가 어찌 이 큰 악을 행하여 하나님께 죄를 지으리이까"(창 39:9). 그는 바로 왕 앞에서도 자신을 과시하려 하거나 거꾸로 기죽지도 않았습니다. 정직하고 솔직하게 갓톡하였습니다. "내가 아니라 하나님께서 바로에게 편안한 대답을 하시리입니다"(창 41:16). 요셉이 형들에게 자신이 요셉임을 밝힌 후에도 요셉은 거듭 갓톡합니다. 그의 갓톡은 하나님의 섭리를 드러내며 형들을 안심시켰습니다. "나를 이리로 보낸 이는 당신들이 아니요 하나님이시라"(창 45:8).

다윗도 마찬가지입니다. 다윗은 골리앗과의 전투를 앞두고 사울 왕에게 자신의 이력을 소개합니다. "주의 종이 사자와 곰도 쳤은즉"(삼상 17:36). 그러나 다윗은 연이어 이 말을 갓톡으로 번역합니다. "여호와께서 나를 사자의 발톱과 곰의 발톱에서 건져내셨은즉 나를 이 블레셋 사람의 손에서도 건져내시리이다"(삼상 17:37). 자신이 사자와 곰을 쳤지만, 여호와 하나님께서 자신을 건지셨다고 대담하게 말합니다.

자녀들의 갓톡은 아빠와의 대화에서 옵니다. 아빠 야

곱과 아들 요셉의 일생은 너무나 닮았기에 그들의 대화 역시 데칼코마니 같은 갓톡이었습니다. 요셉은 아버지 야곱에게 특별한 사랑을 받았고 대화도 많이 했음을 우리는 짐작할 수 있습니다. 아빠 야곱이 요셉 외 다른 아들들을 차별한 것은 잘못이지만, 요셉에게 좋은 선물들을 주고, 함께 있어 주고, 집중적으로 사랑한 것이 17세에 애굽으로 팔려 간 요셉이 버틸 수 있었던 힘이 되었습니다. 아빠의 사랑의 힘과 하늘 아버지 하나님의 임재와 신앙이 요셉을 지탱해 주었습니다. 사랑하는 아빠와 아이들은 서로 닮습니다. 자녀들과 함께 있는 따뜻한 시간에 하나님 자랑, 하나님 사랑을 자주 이야기하십시오.

아빠의 변화

하나님께서 자신의 삶에서 어떤 일을 하셨는지 자녀에게 자주 말해 주세요. 그것이 자녀의 인생에서 버팀목이 될 것입니다.

4) 교회와 세상의 가르침이 다를 때는 진리를 선택하게 하십시오

진리는 내면화되는 것이지 머리에만 머무르지 않습니다. 자녀들에게 진리가 뿌리내리게 하려면 이상 세 가지 즉 예배, 경청, 갓톡(God-Talk)을 기억해야 합니다. 아빠들에게 성경과 반대되는 진화론이나 동성애, 젠더 이슈에 대한 지식이 많았으면 좋겠지만 대부분의 아빠들은 자신이 하는 일 외에는 문외한인 경우가 많습니다. 그러나 아빠의 장점은 인생 경험과 성경에 대한 지식입니다. 혼란스러워하는 아이들과 대화하기 위해 다음 몇 가지를 기억하십시오.

(1) 자녀들의 지적 혼란을 인정하십시오. 그러면 공감의 말이 나올 것입니다.

아빠: "아이구, 학교에서 그런 것까지 배워? 몰랐네. 교회에서 배우는 것과 달라서 혼란스럽지 않았어?"
아이: "예, 많이 혼란스러워요."
아빠: "그래. 그랬겠구나! 성경에서는 틀림없이 하나님

께서 천지를 창조하셨다고 말씀하고 있는데."

아이: "그러게요!"

아이의 대답이 길지 않아도 괜찮습니다. 아빠의 기준이 성경이란 것만 알아도 효과는 충분합니다. 혼란스러워하는 아이의 마음만 알아줘도 아이의 혼란은 가라앉습니다.

(2) 자녀들이 자기의 고민을 자유롭게 이야기를 할 수 있는 편안한 가정을 만들어 주세요. 아빠는 수용적인 가정 분위기를 만들어야 할 중요한 리더입니다. 어떤 아빠들의 말 습관은 아이들을 침묵시킵니다. "시끄러, 조용해. 가만히 있어." 이런 말은 아이들에게 아빠를 사랑하는 대신 아빠 눈치를 보게 합니다. 어떤 질문이든 자유롭게 할 수 있는 편안한 가정은 아빠의 안정된 인격에서 나옵니다.

(3) 모르는 것은 모른다고 말하세요. 아래 말들을 용기 있게 할 수 있다면 좋은 아빠입니다.

"이건 아빠가 잘 모르겠는데? 어려운 문제구나!"

"아빠가 한번 알아볼게."

아이들의 질문의 핵심은 아빠의 대답이 얼마나 정확한가 하는 것보다 내 질문에 대해 아빠가 얼마나 진지한가 하는 점입니다. 아이의 질문을 진지하게 생각하는 아빠의 태도가 중요합니다. 아빠의 진지한 태도가 아이를 얼마나 소중하게 여기는지 알려줄 것입니다.

(4) 최종 결정은 아이와 함께 내리십시오. 아이를 존중해야 하지만 아이에게 최종 결정을 맡기지는 마십시오. 진리에 관한 중요한 일을 아이가 혼자 결정하도록 내버려 두는 것은 매우 위험합니다.

극단적인 예를 들어볼까요? 일전에 미국에서 아홉 살 남자아이가 친구들의 따돌림으로 스스로 목숨을 끊은 일이 있었습니다. 자신이 동성애자라고 '커밍아웃'을 했는데 친구들이 놀리며 따돌렸습니다. 잘못된 것은 부모의 응답이었습니다. 부모는 그것을 아이에게만 맡겨 두었습니다.

"남성이든 여성이든, 그건 네가 결정하는 거야!"

따돌림과 자살 모두 잘못된 것입니다. 그러나 부모의 반응은 더 잘못되었습니다. 성이란 아이가 결정하는 것이 아닙니다. 이미 하나님은 태어날 때 생물학적으로 성을 정하셨습니다.

청소년기에 접어드는 자녀들에게 다른 갈등과 함께 성 정체성의 갈등이 올 수 있습니다. 그럴 때 부모는 아이의 혼란을 공감하고, 아이를 안심시키고, 아이에게 주어진 생물학적 성과 일치된 정체성을 가질 때까지 인내하며 함께 대화해 주어야 합니다. 그것을 아이가 '혼자' 결정하도록 방치해서는 안 됩니다. 우리의 시대정신이 '성은 자신이 선택하는 것'이라는 그릇된 믿음을 자녀들에게 준다고 해도 아빠는 성경의 진리로 중심을 바르게 잡아 주어야 합니다.

성을 자녀의 선택에 맡겨 둬선 안 되는 이유가 여기 있습니다. 아이 혼자서 감당할 수 없는 중요한 문제입니다. 아이에게 혼란이 있을 때 부모는 차분하면서도 진지하게 기도하면서 자녀가 하나님의 진리를 받아들일 수 있도록 도와야 합니다. 안타깝게도 성 정체성의 혼란을 겪는 청소년들은 대체로 아빠와 좋지 않은 관계에 있는 경우가 많습니다. 중요한 문제들을 자녀와 함께 이야기하십시오.

(5) 모든 상황에서 '오래' 참으십시오. 자녀와의 대화에는 언제나 인내가 필요합니다. 더구나 신앙 이야기에는 지혜와 인내가 더블로 필요합니다. 아빠로서 아이 기저귀를 갈 때의 '이상했던' 경험과, 우는 아이 때문에 잠을 설쳤던 일은 다 잊어버렸다고 해도, 청소년 아이의 반항심까지 참기에는 인내가 한계에 다다랐습니다.

우리 아이들은 하루하루 성장하느라 예민합니다. 새로운 환경과 당황스러운 상황들에서 생존하느라 날카로워져 있습니다. 평소에 아이가 어떤 짜증을 내든지 아빠로서 맷집 좋게 잘 받아 주십시오. 그리고 신앙에 대한 이야기는 때를 잘 구별해야 합니다. "하나님을 생각하고, 성경 말씀을 읽고, 기도하라"는 말은 가능한 한 서로의 신뢰가 확보된 날, 시간에 하는 것이 좋습니다. 기분 좋을 때, 이야기하십시오. 물론 내용은 결코 가볍지 않습니다.

아무리 올바른 교리를 가르친다고 해도 마음의 공감

이 먼저 이루어지지 않으면 어렵습니다. 이 순간을 위해 아빠가 존재한다고 생각하십시오. 영원한 진리를 자녀들에게 전하기 위해 아빠들은 그토록 오랜 시간을 참고 다듬고 훈련받았다고 생각하십시오. 우리 자녀들에게 대단한 유산을 물려준다고 해도 하나님을 전해 주지 못한다면 우리 양육은 공허할 것입니다.

(6) "사랑한다."고 자주 말하십시오. "아빠도 너를 사랑하지만 하나님은 정말 너를 사랑하신단다."고 말하십시오. 카톡으로든, 대화로든, 사랑한다는 이 말은 아무리 자주 해도 지나치지 않습니다.

(7) 기도하는 아빠가 되십시오. 식사 시간, 혹은 잠자기 전의 짧은 시간에라도 자녀들을 위한 진지한 기도 시간을 반드시 가지십시오. 물론 말씀 묵상 시간도 마찬가지입니다. 아빠 자신의 경건이 없으면 그것은 빈 깡통과 같습니다. 소리만 지를 뿐 아이들의 마음에 와 닿지 않습니다.

아빠의 직분은 너무나 자랑스럽고 영광스럽습니다. 자

신의 무리(pride)들을 이끄는 수사자의 위용과 비교할 바가 아닙니다. 그러나 동시에 아빠들의 어깨 위에는 인생의 무거운 짐들이 있습니다.

그러나 하나님께서는 아빠들을 한 가정의 가장으로 세우셨습니다. 우리 아빠들은 주저 없이 영광스럽게 이 직책을 감당해야 합니다. 그 성공의 지름길은 자녀들과 따뜻하고 진실한 대화를 하는 것입니다. 겸손하십시오. 그리고 진실하십시오. 자녀들을 위해 매일 기도하는 아빠가 되십시오. 주님을 믿는 이 땅의 모든 아빠들에게 하나님께서 영원한 은혜 주시기를 축복합니다.

 아빠의 변화

어떤 질문이라도 자유롭게 할 수 있는 가정 분위기를 만들어 주세요. 혼란스러운 마음만 알아줘도 자녀의 혼란은 가라앉습니다. 중요한 결정은 반드시 자녀와 함께, 성경을 기준으로 찾아가십시오. 필요하다면 전문 기독교 상담가를 만나는 것도 중요합니다. 사랑한다는 말 잊지 마시고, 자녀가 잘 되기를 진심으로 바라는 사랑의 아빠가 되세요.

8. 주어 주의

우리 자녀와 대화할 때 꼭 신경 써야 할 것은 바로 '주어' 입니다. 아이들은 자신을 주어로 말하는 것을 좋아합니다.

"엄마, 저는요…"
"아빠, 있잖아요. 제가요…"

그리고 대화 속에서 그 주어가 바뀌지 않기를 기대합니다.

"어, 그랬어?"
"너 괜찮았니?"

하지만 자녀들의 그 소박한 바람을 들어 주는 부모는 의외로 흔하지 않습니다. 우리 시대의 부모들은 자녀들에게 점점 더 친절해져서 다행입니다. 그러나 아쉽게도 공감의 주파수를 정확하게 파악하고 대답하는 부모는 많지 않습니다. 공감을 정확히 실천하는 방법은 아빠 자신의 이야기가 아닌 자녀의 이야기가 표현되도록 해야 합니다.

> "아빠, 이제 제가 고3이잖아요. 공부하는 것 많이 힘들
> 고 어려우니까, 너무 많은 말씀보다는, 조용히 기도하
> 며 지지해 주세요."

이렇게 말해 주는 아들이나 딸이 있다면 참 성숙한 아
이입니다. 이 말 자체만으로도 참 믿음직하게 느껴집니다.
참 잘 컸고, 스스로 자기 할 일을 찾아서 할 줄 아는 아이
입니다. 하지만 조급하고 의욕만 강한 아빠는 아이의 이런
말을 받을 줄 모릅니다. 그 대신 말 한마디로 아이의 마음
을 아프게 할 수도 있습니다.

> "그까짓 게 뭐가 힘들어?"
> "우리도 너 같은 시절 다 겪었어. 아빠는 너보다 더 힘
> 들었어!"

이것은 아빠 자신을 과시할 뿐 자녀에게는 아무런 위

로가 되지 않습니다. 요즘 아이들 말로 꼰대가 되지 않으려면 "나 때는" 혹은 "내가 너만 했을 때"라는 이야기를 하지 않아야 합니다. 그것이 공부에 관한 것이든, 자녀들의 취업이나 결혼에 관한 것이든 아빠의 인생이 아이들의 기준은 아닙니다. 아이의 사정과 내 경험이 일치한다고 해도 아빠의 이야기를 내세우기 전에 먼저 아이의 이야기를 잘 경청해야 합니다. 그러나 별 생각 없이, 나오는 대로 말해버리면 아이들의 박탈감과 소외감은 커집니다.

"너만 힘든 것 아냐! 딴 애들도 다 힘들어!"

이 말은 자녀들을 힘들게 하는 매우 비인격적인 말입니다. 여러 이유가 있지만 그중 핵심은 바뀐 주어입니다. 분명 아이는 자신이 힘들다고 이야기하는데, 아빠는 성급하고 산만하게, 아이의 고생을 자기 자신과 비교하거나, 다른 사람들의 이야기로 물타기를 하고 있기 때문입니다. "그까짓 게 뭐가 힘드냐?"는 말의 주어는 "네가 정말 힘들구나."라는 말과는 다릅니다. 이 말의 주어는 아빠 자신입니다.

사실 속으로 '내가 볼 때 넌 틀렸어!'라고 생각한 것입니다. 자기중심적인 입장에서 자녀의 감정을 판단하는 것은 대화의 주어를 바꾸어 버리는 잘못을 저지르는 일입니다.

물론 아이들의 감정이 언제나 옳은 것은 아닙니다. 그러나 감정을 교정하려 하기 전에 공감해야 합니다. 힘들다고 말하는 아이의 감정이 잘못된 것은 아닙니다. 감정은 있는 그대로 존중받아야 합니다. 자녀의 감정을 인식하고, 인정하고, 존중하는 것을 '공감'이라 말합니다. 그리고 공감은 주어를 바꾸지 않는 것입니다.

아이: "아빠, 저 요즘 힘들어요!"

아빠: "그래? 어떤 일이 힘들어?"

(경청 후)

"듣고 보니 너 정말 힘들었구나!"

자기 마음에 대해 이야기하는 사람은 그 이야기가 들려지고 수용되기를 기대합니다. 거기에다 "아빠는 더 힘들었어!"라고 하는 말은 외려 소통에 방해됩니다. 아빠가 어떤 인생을 살아왔든 지금 이 대화에서 집중할 것은 "제가 힘들어요!"라고 말하는 아이의 "나"입니다. "그래, 힘들지? 고3이라 더 예민하고 힘들겠다. 네가 얼마나 부담스럽고 힘들지 아빠는 상상도 되지 않아!"

아이가 지금 겪는 어려움에 집중해 주고 마음을 긍정해 주면 아이는 금방 생기를 되찾습니다. 자신의 마음을 알아주는 아빠가 있기 때문입니다. 이 세상에서 한 사람이라도 자신의 감정을 공감해 주면, 죽을 만큼 힘든 고민을 가진 아이도 다시 살아야 할 이유를 찾습니다.

거꾸로, 사소하게 보이는 말 한마디에서 수용과 인정을 받지 못하는 일이 반복되면 어려움이 사라지지 않을 수 있습니다. 공감 부재의 가장 큰 피해자는 다정다감하게 자라야 할 아이들입니다. 아빠에게는 사소하게 보이는 일이라도 아이에게는 심각할 수 있습니다. 그렇다면 차라리 아빠가 자신의 무지를 인정하는 것이 낫습니다. "네가 얼마나 힘들지 난 상상하기도 힘들어."

아빠로부터 이 말을 들은 아이는 자신의 감정이 틀리지 않았음을 확인하고 안심할 것입니다. 뿐만 아니라 자신의 아픈 감정이 존중받는다고 느낄 것입니다. 감정을 존중받는 것은 곧 자신이 존중받는 것입니다.

아이의 감정에 집중해 주면 아이들은 공부할 의욕을 더 가질 수 있습니다. 아빠가 너무 성급하여 기분대로 말하고 나면 아이들의 가슴에는 큰 상처를 남깁니다. 우울증은 멀리서 오지 않습니다. 아빠가 꺾어버린 감정에서 나올 수도 있습니다. 거꾸로 회복 역시 그리 멀리 있는 것이 아닙니다.

아빠의 변화

가장 확실한 공감은 대화의 주어를 바꾸지 않는 것입니다. "아빠가 어렸을 때는…" 하고 반복해서 교훈을 주려 하면 자녀들은 귀를 막을 것입니다. 감정은 교정해 주는 것이 아니라 공감해 주는 것입니다. 아빠가 공감해 주면 자녀는 함부로 자신이나 남을 해치지 않을 것입니다.

IV. 아빠의 경청과 공감

1. 카톡 공감

여러 연구자가 공통적으로 말하는 것이 결혼한 부부가 급격하게 불행감을 느끼기 시작한 때는 첫 번째 자녀를 낳았을 때입니다. 물론 많은 세월이 흐른 후 아이를 다 키워서 첫째 아이를 내보내면 그 행복감은 다시 회복된다고 합니다. 그만큼 자녀를 기르는 것은 부모들에게 부담스럽고 무거운 짐과 같습니다. 아빠들은 이런 부담을 이해하도록 애써야 할 것입니다.

하지만 동시에, 세상에서 자신을 가장 행복하게 하는 것이 무엇인가 물으면 그것 역시 자녀입니다. 그러므로 젊은 부부들이 경제적인 이유로, 혹은 양육 부담을 이유로 아이를 낳지 않으려 하는 것은 인생의 절반 이상을 경험하지 못하게 하는 그릇된 유혹입니다. 결혼한 젊은 부부들은 건강이 허락하는 한 자녀를 낳고 길러야 합니다. 이것이 인생들에게 주신 하나님의 아주 좋은 선물 중 하나입니다.

물론 엄마가 어린 자녀에게 집중할 때, 아빠는 엄마에게 집중해 주어야 합니다. 아내의 모성애가 흔들리지 않도록 최선을 다해 몸과 마음을 편안하게 돌보아 주어야 합니다. 자녀들의 엄마인 아내의 필요를 공급하고, 정서적으로 산만해지지 않도록 오직 아내만 바라보아야 합니다. 여기에 다른 핑계는 합당하지 않습니다.

그리고 엄마와 아빠가 공통적으로 서로에게, 그리고 자녀들에게 가져야 할 중요한 마음가짐은 공감입니다. 대화에서도 자신의 필요보다 상대방의 필요를 먼저 알아주고 또 언급해 주는 것이 필요합니다.

공감은 때와 장소가 따로 없습니다. 조금 연습만 해 두면 언제든지 유용하게 사용할 수 있습니다. 짧은 카톡 대화라고 비중이 적지 않습니다. 대화 한 마디에 죽겠다던 아이가 살아야겠다는 희망을 찾을 수 있기 때문입니다.

짜증을 내는 아빠도 여전히 자녀들을 사랑합니다. 그러나 아이는 아빠의 짜증이나 분노가 싫어서 사랑을 느낄 겨를도 없이 피하려 합니다. 이런 일이 반복되면 함께 있는 것이 서로 어색해지고, 아이들이 자라면서 아빠와 따로 있는 것이 너무 편한 나머지 서로 가족 같지 않게 될 수도 있습니다.

꼭 필요하다면 아홉 번의 공감 후 한 번의 훈육을 하십시오. 사소하게 보이는 카톡이나 문자, 전화나 대화에서 아이의 기분과 마음을 알아주고 또 받아 주십시오.

감정과 느낌을 판단하거나 고치려 하지 마십시오. 그 대신 아이가 말하는 그대로 믿고 인정해 주십시오.

"금방 밥 먹었는데 뭐가 배가 고파?"(X)
"벌써 배고파? 공부를 열심히 했나 보네. 그래 뭐 먹고 싶어?"(O)

아이는 그 한마디의 말에 사랑을 느끼고, 또 자신이

계속 살아갈 이유를 발견하게 될 것입니다. 병든 아빠를 혼자 돌보는 여고생이 아빠에게 물었습니다.

여고생: "아빠, 내가 식모야?"
아빠: "그럼, 네가 식모지!"

이 말 한 마디에 고생하는 딸은 마음에 큰 상처를 입었습니다. "내가 식모라고?" 아빠는 아마도 미안한 마음과 놀리려는 마음으로 농담했다고 생각할지 모르지만, 친엄마도 아픈 아빠를 두고 떠나버리고, 오빠도 집을 떠나 아르바이트하며 지내는 상황에서, 아빠에게 듣는 말 때문에 딸은 큰 상처를 받았습니다.

만일 아빠가 이렇게 말해 주었더라면 어땠을까요? "네가 식모냐고? 아니지. 네가 왜 식모야? 내 사랑하는 공주님이지! 그런데 아빠 때문에 너무 많은 고생을 하게 해서 참 미안하다!" 그랬다면 아마 그 여고생 딸은 아빠의 사랑을 느끼며 더 힘을 냈을 것입니다. 아빠의 따뜻한 말 한마디로 아이에게 감동을 줄 수도 있고, 빈정대는 말로 아이에게 깊은 상처를 남길 수도 있습니다.

공감은 언제나 쓸모가 많습니다. 간단한 문자나 대화에서도 감정 언어에 관심을 가지고 공감해 주면 자녀의 태도가 달라질 것입니다. "너 많이 힘들었구나," "고생 많았어!" "배 많이 고팠지?" "기분 좋았겠네!" 등등, 한마디의 말로 자녀에게 감동을 줄 수 있는 방법은 참 많습니다. 반복해서 연습하면 어떤 아빠라도 공감할 수 있습니다.

2. 일단 공감

영화 <프린세스 다이어리>(The Princess Diaries)에서 주인공 미아(앤 해서웨이 분)가 다니던 고등학교의 뉴스 방송 이름이 아주 재미있습니다. 그 이름은 "입 닥치고 들어!"(Shut Up and Listen!)였습니다. 좀 억세고 품위 없는 표현이긴 하지만 자라나는 아이들에게 꼭 필요한 것이 바로 "닥치고 공감"입니다.

혹시 아이가 거짓말을 할 때도 그럴 수밖에 없는 상황에 대해 우선 공감은 필요합니다. 매를 들거나 꾸중을 하기 전에 먼저 공감부터 하십시오.

아빠: "(텔레비전을 보고 있는 아이에게) 양치질은 했어?"

아이: "(아빠를 쳐다보지도 않고 건성으로) 네"

아빠: "이 녀석이 어디 거짓말하고 있어! TV 꺼! 거짓말 했으니까 당장 회초리 가져와!"

순식간에 꾸중과 판단과 처벌이 뒤따릅니다. 아이는 재미있는 텔레비전을 못 보게 된 것도 억울한데, 거짓말한 '죄'까지 가중되어 꼼짝하지 못하고 종아리를 맞습니다. 아프고 섭섭하고 억울할 뿐입니다. 하지만 공감하면 달라집니다.

아빠: "(텔레비전을 보고 있는 아이에게) 양치질은 했어?"

아이: "(아빠를 쳐다보지도 않고 건성으로) 네!"

아빠: "너 텔레비전이 재미있나 보구나!"

아이: "네!"

아빠: "그래도 양치질은 꼭 하고 자"

아이: "네!"

아빠: "그리고, 거짓말 하는 건 나쁜 거야. 다음에는 그
      렇게 하지 마. 알았지?"

아이: "네!"

아이가 거짓말하는 행위를 공감해서는 안 됩니다. 하지만 거짓말을 할 수밖에 없는 아이의 상황을 공감할 수는 있습니다. 어른과 달리 아이들에게는 거짓말 말고 상황을 모면할 수 있는 선택의 여지가 많지 않습니다. 그런 아이들을 어른의 관점에서 몰아세우기보다는 우선 아이 편이 되어 주는 것도 해롭지 않습니다. 다만 아빠들에게 그럴 만한 마음의 여유가 필요할 뿐입니다.

"네가 학벌이 그것 밖에 안 되는데 나라에서 해외연수를 보내줄 수 있겠냐?" 아빠의 냉정한 판단 앞에 아이들의 마음은 무너집니다. 아이는 허를 찔린 것처럼 아프고, 서러

운 눈물을 가슴 아프게 흘릴 것입니다.

"집에 있는 게 싫어요. 갑갑하고 무기력해져요. 아빠가 있어도 텔레비전을 켜 놓거나 '나 바빠, 너 알아서 놀아'라고 하시는 걸요, 나랑 교류가 있어야 뭘 하지!"

대학생 자녀를 공감해 줄 수 있습니까? 아이가 대학생이 되어도 집은 재미있어야 합니다. 아이들의 재미와 살맛은 아빠가 자신에게 '집중'해 주는 것, 말 걸어 주는 것, 그리고 함께 놀아 주는 것입니다.

모든 것이 불안하고 흔들리는 자녀들을 면밀하게 공감해 주면 강한 유혹도 잠깐 지나가는 에피소드가 될 수 있습니다.

공감하면 따라옵니다. 공감하면 닮습니다. 공감하면 듣습니다. 두렵고 혼란스러운 성장의 과정에 공감해 주는 아빠만 있으면 아이는 인생의 강을 무사히 건널 수 있습니다.

아이가 좌절할 때 그 감정을 처리해 줄 수 있는 아빠를 통해 아이들은 달래집니다. 거칠고 긴장된 감정은 유순

해집니다. 공감 받을 때 아이는 엄마의 따뜻함과 자신감을 자기 것으로 흡수합니다. 하지만 엄마에게 공감하지 못한 다는 핑계가 많거나 아이에게 민감하지 못하면 아이들은 두려움 가운데 방치됩니다. 공감이란 대신 업어 주는 것이 아닙니다. 오히려 두렵고 불확실한 어두움 속을 아이와 손 잡고 함께 걸어가는 것입니다.

 아빠의 변화

혹시 자녀가 거짓말을 했을 때, 잘못한 것을 바로잡되 그 상황은 공감해 주세요. 혹독한 처벌은 평생 가는 반감을 일 으킵니다. 공감하면 따라옵니다. 공감은 업어 주는 것이 아 니라 자녀와 손잡고 함께 걷는 것입니다.

3. 인정 욕구

이제 갓 20세가 된 한 여학생은 누가 보아도 부러워할 만한 대학교에 재학 중입니다. 학벌로 보면 너무나 당당하고 자랑스러울 것 같지만, 정작 자기 자신은 비참하고 우울하게 하루하루를 살아가고 있습니다. 마음이 늘 울적하고 고통스럽습니다.

그 울적함의 배경에는 가족들이 있습니다. 그 여학생에게 가족이란 '같은 공간에 사는 사람들' 혹은 '집에 가면 볼 수 있는 사람들'일 뿐입니다. 따뜻함이나 편안함, 정서적인 안정감이나 사랑은 기대하지도 않습니다. 지금도 자꾸만 자신을 불안하게 하는 질문 한 가지는 '내 삶을 잘 살면 가족들이 인정해 주지 않을까?' 하는 것입니다. 왜냐하면 자신은 아직도 가족들에게 충분히 인정받지 못한다고 느끼기 때문입니다.

어릴 때를 회상해 보면 자신의 삶은 거의 누군가에게 맡겨진 삶이었습니다. 일 때문에 바쁜 엄마, 거의 모든 시간을 밖에서 보내는 아빠 때문에, 초등학생 때 이미 더 어린 동생을 데리고 같이 놀이방을 다녔습니다. 그 자체는 그다지 힘들지 않았지만, 성장할수록 가족들은 서로 서먹서먹해졌고, 마음으로는 서로 멀어졌습니다.

인정 욕구는 누구에게나 있는 인간의 기본 욕구 가운

데 하나입니다. 때로 그 욕구가 너무 강할 때는 사람들로부터 비난을 받기도 하지만, 자기 존재를 인정받고자 하는 욕구는 인간의 가장 기본적인 권리이기도 합니다. 혹시 상황이 다르더라도, 가정에서는 부모가 자녀를 무조건 인정하는 것이 우선입니다. 따뜻하게 이름을 불러 주고, 살피고, 묻고, 응답해 주는 것입니다. 그것은 엄마와 아빠의 특별한 임무입니다.

인정 욕구는 생존 가치에 관한 욕구이며, 더 나아가 생존 이유를 찾는 욕구입니다. 이것은 인간이 존재할 수 있는 기본적인 내면의 가치입니다. 인정 욕구가 충족되지 않는다면 아이는 자신의 가치를 느끼지 못할 뿐만 아니라, 생존의 이유조차 알지 못하는 우울한 사람으로 살 것이기 때문입니다. 생존의 가치와 이유는 인간 각자의 내면에서 나오는 것이지만, 그것이 내면에서 나오기 위해서는 관계 속에서 먼저 부여되어야 합니다. 부모가 아이에게 이 가치를 공급하지 않으면 아이 속에서는 그것을 스스로 충전할 힘이 나오지 않습니다.

아이가 어려움을 하소연할 때마다, "다른 아이들도 다

힘들어! 너만 힘든 거 아냐!"라고 말한다면 아이의 생존 가치는 하락합니다. 아이의 중요성이 '너'가 아닌 '다른 여러 아이들 중 하나'로 희석되기 때문입니다. 부모는 이 아이의 부모이지 다른 아이들의 부모가 아닙니다. 내 아이만 아는 이기적인 부모가 되라는 말이 아니라 내 아이의 가치에 집중해 주라는 말입니다.

내 아이와의 관계가 내가 살아가는 현실이고 실체입니다. 아이가 고민이 생겼다고 하면, "그럼 상담실에 찾아가 봐!"라며 딸과의 대화를 다른 사람에게 미룬다면 어떻게 되겠습니까? 물론 부모도 당황스럽고 누군가와 함께 아이 문제를 풀어가고 싶겠지만, 우선 아이의 진지한 요청을 농담처럼, 혹은 내 책임이 아닌 것처럼 가볍게 던져버려서는 아이의 가치를 소통하기 어렵습니다.

이 여학생을 가장 비참하게 하는 것은 동생과의 비교였습니다. 좋은 실력과 성적에도 불구하고 자신은 스스로 인정받을 만한 것이 없다고 생각합니다. 어차피 아빠·엄마의 관심은 동생에게 집중되어 있어서, 자신은 무슨 노력을 해도 인정받지 못한다는 자괴감에 빠졌습니다.

아이의 인정과 수용에는 조건이 없습니다. 존재 가치의 인정은 태생적이어야 합니다. 아이는 태어나면서부터 아무런 조건 없이 환영받고 사랑받고 인정받아야 합니다. 그러려면 아빠도 반드시 함께 자녀 양육에 뛰어들어야 합니다. 함께 아이의 먹을 것을 주고, 아이의 정서적 필요에 응답해 주어야 합니다. 불안해하면 안아 주고, 화가 나면 표현할 수 있도록 출구가 되어야 합니다. 때로 분노의 대상이 치환되어 아빠가 타깃이 될 때도 억울해 하지 말고 받아 주어야 합니다.

인정 욕구란 단순히 많이 칭찬하는 것을 의미하지 않습니다. 아이의 존재 자체가 경탄과 칭찬의 대상입니다. 아빠는 상황에 따라 변하는 아이의 감정을 농담이나 장난으로 여기거나 탁구공처럼 탁탁 쳐내지 않아야 합니다. 그렇다고 지나치게 심각할 필요는 없습니다. 다만 적절하고 진지하게 아이의 정서에 반응해 준다면, 아이는 거기에서 안정감을 얻고 자신감을 찾게 됩니다. 자신의 존재가 인정받고 있기 때문입니다.

심리학자 하인츠 코헛(Heinz Kohut)에 따르면 어린 유아에게는 '과대 자아'(grandiose self)의 필요(need)가 있다고 합니다. 아이는 자신을 과시하고 싶어 하고, 그것으로 칭찬받고자 합니다. 그럴 때 부모가 자녀에게 주목하고, 경탄하고, 칭찬해 주면 아이는 건강한 인격으로 자라게 됩니다. 말로, 표정으로, 소리로, 아이의 정서에 적절하게 반응하는 것입니다. 코헛에 따르면 아빠에게는 오히려 아이가 칭찬을 하고 아빠가 멋지다고 추켜세우는 메시지를 갖는다고 말합니다. 그것은 아이가 그렇게 멋진 아빠와 하나가 되고 싶은 욕구와 필요입니다. 아빠가 그에 맞게 응답하면, 아이의 건강한 연합적 자기(merging self)의 필요가 충족될 수 있습니다.

이렇게 부모로부터 기본적인 필요를 채움 받은 아이는 커서 알지도 못하는 타인들에게 자신을 인정해 달라고 절박하게 구걸하지 않습니다. 남자 친구가 자기를 버릴까 봐 두려워서 잘못된 선택을 하지도 않을 것입니다. 건강한 자존감과 자신감이 있으므로 데이트를 비롯한 대인 관계에 있어서 당당하고 담대하며 안정된 리더십을 가질 수 있습니다.

아빠가 할 일은 적절하게 반응하는 것입니다. 아이의

인정 욕구를 무안하게 만들지 말고, 다른 아이들과 비교하지도 말고, 수용과 사랑에 조건을 달지도 않아야 합니다. 정서 결핍으로 가족을 자신과 상관없는 별개 인간들의 모임으로 인식하지 않도록 아빠는 아이에게 적절하게 반응해 주어야 합니다.

　귀찮고 번거로울 때도 아이를 밀어내지는 않아야 합니다. 농담이나 빈정대는 말투는 아이의 감정을 무시하므로 적절하지 않습니다. 가족이란 아이가 어떤 느낌을 갖든, 어떤 상황에 처하든, 아이와 함께 그것을 공유하고 반응하는 존재들이어야 합니다. 아무런 성취 조건 없이 우리를 받아주시는 하나님 아버지의 사랑을 자녀들이 먼저 아빠를 통해 느껴야만 합니다.

아빠의 변화

아이의 인정과 수용에는 조건이 없습니다. 자녀이가 몇 살이든 자녀의 존재 자체가 경탄과 칭찬의 대상입니다. 아빠가 할 일은 적절하게 반응해 주는 것입니다. 귀찮고 번거로워도 절대 자녀를 밀어내지 마십시오.

　하루 10-15분 정도 엄마가 어린아이와 놀아 주는 실험이 있었습니다. 첫 번째 그룹은 아이가 놀이를 리드했습니다. 엄마는 간섭하는 대신 아이의 리드를 따라 주었습니다. 둘째 그룹은 엄마가 리드하며 이래라 저래라 간섭하도록 내버려 두었습니다. 딱 한 주간의 짧은 실험이었지만 결과는 판이하게 달랐습니다. 첫 번째 그룹 아이들은 훨씬 긍정적이고 밝은 기분을 유지하고 있었습니다. 다 놀고 난 후 바닥에 떨어진 장난감을 치우자는 엄마의 말에 훨씬 적극적으로 따랐습니다. 자기 주도적인 놀이를 경험한 아이들은 자존감과 리더십에 있어서 자신감을 갖게 되었습니다. 자신의 놀이에 동참해 준 엄마의 지시도 훨씬 긍정적으로 수용합니다. 존중받으면 존중하는 사람이 됩니다.

　흔히 아빠들은 아이들에게 '지시'하면 그대로 한다고 착각합니다. 하지만 아이들은 생각할 뿐만 아니라 느끼는 존재들입니다. 자신을 사랑하고 존중한 사람에 대해서는 똑같은 사랑과 존중으로 반응합니다. 하지만 자신을 돌보아 주지도 않으면서 요구나 지시만 하는 사람에 대해서는 구태여 반응하지 않습니다.

이것을 아는 아빠는 아이가 리드하는 것을 두려워하지 않습니다. 많은 아빠들이 잔소리나 꾸중을 많이 하는 이유는 자신이 통제하려 들기 때문입니다. 통제하려 드는 이유는 두려움 때문입니다. 자칫 일이 잘못될까 봐, 자신이 통제할 수 없는 일들이 벌어질까 봐 두려워합니다. 그러나 아이들은 살아있는 인격체들입니다. 아이들은 규칙이나 명령보다 존중과 자율성에 반응합니다.

러시아의 천재 심리학자 비고츠키(Lev Vygotsky)에 따르면 어른이 아이들의 놀이 세계에 참여할 때 아이들의 학습 능력이 향상된다고 말합니다. 쉽게 말해 어른이 함께 놀 때 아이들은 공부를 잘하게 된다는 뜻입니다. 아이들의 놀이는 창의적입니다. 규칙이 수시로 바뀔 수도 있습니다. 문제는 '충분히' 같이 놀 수 있는가 하는 것입니다. 조금씩, 짧은 시간이더라도 기꺼이 아이의 팔로워(follower)가 되어 준다면 아이들은 기꺼이 아빠의 팔로워가 되어 줄 것입니다.

그렇다고 아이들만 생각하고 리드하는 것은 아닙니다.

아빠도 생각할 수 있습니다. 아이의 아이디어에 아빠의 생각이 가미되면 예상하지 못한 효과를 얻을 수도 있습니다. 아빠의 아이디어로 놀이를 하면서 가난한 이웃집 아이를 배려하고, 장애를 가진 친구들을 생각하게 할 수 있기 때문입니다. 이것이 사랑과 공의를 함께 가르치는 비법이기도 합니다. 아빠가 팔로워가 되어 주면, 아이들은 아빠의 팔로워가 됩니다.

이제 아빠들은 무섭고 권위적인 모델에서 탈피해야 합니다. 자녀들의 미래까지 혼자 결정하고 지시하던 시대는 지나갔습니다. 예수님도 어린아이를 관찰하고 그들을 본받으라고 말씀하셨습니다. 아빠들도 들어야 하고 배워야 합니다. 그렇다고 권위와 리더십을 버릴 필요는 없습니다. 대신 아이의 팔로워가 되는 팔로워십(follwership)에서 건강한 리더십이 나온다는 것을 기억하면 됩니다.

> 존중받은 자녀는 존중하는 사람이 됩니다. 자녀들은 규칙
> 이나 명령보다 존중하는 말과 자세에 반응합니다. 아빠가
> 먼저 자녀의 팔로워가 되어 주면 자녀는 곧 아빠의 팔로워
> 가 될 것입니다.

5. 자녀의 형성(formation)

자녀에 대한 공감을 강조하다 보면 의문이 생깁니다. "그럼 언제까지 아이에게 공감만 해 주어야 할까요?" 만일 잘못된 행동이 있으면 아빠는 아이를 나무라기도 해야 합니다. 아이가 위험한 행동을 하면 호통을 쳐서라도 다시는 그런 행동을 하지 않게 해야 합니다. 언제까지 오냐오냐만 할 수는 없습니다.

그래서 "안아 주는 환경"(holding environment)이라는 말이 생겼습니다. 안아 주는 환경에서는 아이를 꾸중하거나 작은 좌절의 경험을 안겨 주더라도 그것은 오히려 바람직한 결과를 가져올 수 있기 때문입니다.

부모가 자녀의 잘못을 고쳐 주고, 바른 것을 선택하도록 요청할 때, 그 자체는 자녀에게 부정적인 경험입니다. 아이를 불쾌하게 할 수도 있고, 심지어 아이를 울릴 수도 있습니다. 하지만 안아줌의 따뜻한 환경 속에서는 아이가 벌이나 꾸중에 적응할 힘이 있습니다. 아이들은 그런 불쾌한 꾸중을 견딜 뿐만 아니라, 자신을 고쳐 갈 동력을 얻습니다.

공감은 부모의 존재 양식입니다. 공감이란 자녀를 업어 주는 것이 아니라 자녀와 함께 걷는 것입니다. 아이가 보는 것을 같이 보고, 아이가 느끼는 것을 같이 느낍니다. 공감은 부모의 끊임없는 긴장과 조정을 요구합니다. "이만하면 됐다" 하는 것이 아니라, 그때마다 "어떻게 해야 할까?"를 함께 고민하는 것입니다.

그렇다면 공감은 완성체가 아니라 과정입니다. 공감하는 것이 어색하지 않고 익숙해질 때까지 부모는 공감을 반복해야 합니다. 공감이 단절되면 부모가 기대하는 양육은 불가능해질 것입니다.

공감 다음은 '형성'(formation)입니다. 자녀를 바람직한 모습으로 다듬고 빚어 가는 것입니다. 이것은 공감하는 사람의 가치가 이식되고 내면화되는 과정입니다. 공감하면 닮기 때문입니다.

고등학교를 중퇴하고 아르바이트를 하면서 하루하루를 살아가는 어떤 청년이 있습니다. 그가 텔레비전 프로그램에 출연해 자신의 중학생 시절을 회고했습니다.

"아빠가 머리 짧게 하라 하면, 머리를 길렀고,

교복 입으라 하면, 교복을 벗어 버렸고,

학교 가라고 하면, 학교를 빼먹었어요."

병들어 무기력하고 욕설을 퍼붓는 아버지, 자신과 동생을 두고 떠나버린 엄마, 그런 가정에서 그 아이는 누구의 지시를 따를 이유가 없었습니다. 단절된 공감에서 건강한 형성이란 이루어질 수 없었습니다.

공감을 경험한 적 없는 부모는 자기 아이를 공감하는 것을 두려워하고 있었습니다.

"내가 아이를 사랑하고 안아 주면 아이가 약해질 것 같아요."

그러나 아이는 말합니다.

"아빠가 때려도 나는 절대로 안 바뀔 거예요."

아이를 안아 주고 사랑해 준다고 아이가 약해지는 법은 없습니다. 오히려 아이는 강해지고 단단해질 것입니다. 사랑해 주면 아이는 강해지고 따뜻하게 변합니다. 결국 공감이 바라보는 목표 지점은 '형성'(formation)입니다.

하나하나의 공감 경험이 자녀라는 인격체를 형성하는 세포가 됩니다. 물론 아이를 새롭게 형성하는 것, 습관을 바꾸는 것, 정직하고 예의 바른 아이로 키우는 것이 결코 만만한 일은 아닙니다.

"공감해 주었는데 왜 안 되지? 뭐가 잘못됐을까?"

어쩌면 이런 질문을 셀 수 없을 정도로 던질 것입니다. 그러나 그것은 공감이 잘못된 것이 아니라, 상황 자체가 복잡하고 어렵기 때문입니다. 그래서 공감과 형성 다음은 기도가 나와야 합니다. 그리스도인 부모에게 기도는 최고의 양육 비결입니다.

아이들도 하나님 앞에서는 자기중심적인 죄인이기 때문에 독특한 자기 고집과 이기적인 모습들을 가지고 있습니다. 이런 아이들을 건강하고 새로운 아이로 형성시키기 위해서는 부모의 아픈 인내와 따뜻한 안내가 반드시 필요합니다. 사람의 외투를 벗게 하는 힘은 차갑고 힘센 북풍 바람이 아니라, 따사롭게 내리쬐는 햇볕의 따뜻함입니다. 아이를 새롭게 형성하는 힘도 결국은 따뜻한 부모의 마음에서 비롯됩니다. 걸러지지 않은 북풍의 엄격함과 냉혹함은 아이를 자기 세계 속으로 더 꼭꼭 숨어들게 할 뿐입니다.

하나님은 따뜻하고 친절한 분이십니다. 하나님은 인자하시고 오래 참으십니다. 하나님께서 냉혹하거나 차갑지 않은 이유는 인간들로 하여금 따뜻함에 반응하여 회개하게 하려는 것입니다(롬 2:4). 변화와 새로운 인격 형성이 공감에서 오기 때문입니다. 결국 하나님도 사랑과 인자하심을 따라 우리를 새사람으로 형성해 가기를 원하시는 것입니다. 인간은 이런 하나님의 사랑과 친절함, 예수 그리스도를 통해 보여 주신 신적 공감에 반응하여 새사람이 되고, 새로운 인격으로 지어져 갑니다.

물론 바람직한 자녀 형성을 위한 전제 조건은 많습니다. 우선 부모의 가치관이 건강해야 하고, 우선순위가 바른 것이어야 합니다. 학원보다 예배 우선, 성적보다 정직이 우선, 이기적인 자기 욕망보다 다른 사람에 대한 배려 우선 등등 성령님 안에서의 덕목을 부모가 먼저 선택할 수 있어야 합니다. 손해를 보더라도 바른 것을 선택하는 부모의 가치관이 중요합니다.

예의 바르고 친절하되, 잘못된 일에 대해서는 단호하게 아니라고 말할 수 있는 용기 있는 자녀로 기르고 싶으십니까? 그렇다면 우선 부모가 하나님 앞에서 성경적인 가치관을 가져야 합니다. 말씀과 기도 안에서 자신들을 살피고, 자녀들을 하나님의 사랑으로 끝까지 사랑할 때, 자녀들은 어려운 환경, 때로 불쾌한 기분 속에서도 그 길을 떠나지 않을 것입니다. 따뜻한 공감이 전제되지 않으면 자녀의 올바른 형성과 성장은 불가능합니다.

 아빠의 변화

공감은 아빠의 존재 양식입니다. 공감은 완성이 아니라 지속되는 과정입니다. 그리고 공감 그 다음은 자녀를 빚어 가는 형성입니다. 사랑받은 자녀는 따뜻해지고 강하게 형성됩니다. 이 과정에서 중요한 것은 성경 말씀과 아빠의 기도입니다.

6. 기대 조절 능력

모든 아빠에게는 기대 조절 능력이 있습니다. 이것은 아빠가 자녀의 현실에 맞추어 자녀에 대한 자신의 기대를 조절하는 능력을 뜻합니다. 이 능력은 자녀의 있는 그대로의 모습에서 삶의 보람과 의미를 찾는 것으로서 하나님께서 아빠들에게 주신 요긴한 능력입니다.

ADHD(주의력 결핍 과잉 행동 장애)로 고생하는 한 남학생이 있습니다. 이 학생의 아빠는 아이가 따돌림이나 구타당하지 않고 평범한 사람으로 자라는 것만으로도 너무나 감사하겠다고 말했습니다. 강박증으로 공부에 집중하기조차 힘든 또 다른 여학생의 아빠는 아이가 대학에 진학하지 못한다면 구멍가게라도 차려 줘야겠다고 말했습니다.

자녀 양육기를 엮은 책 『선물』(Gifts)의 표지 사진은 아주 인상적입니다. 튼튼한 아빠의 팔 위에 갓난아기가 엎드려 잠든 사진입니다. 그런데 아빠의 손바닥을 베고 팔 위에 엎드려 있는 아이의 얼굴을 자세히 보면, 그 아이가 다운증후군(Down Syndrome)을 가졌음을 알 수 있습니다. 만일 아이가 다운증후군을 가지고 태어난다면 그 아이는 30세에 노년기를 맞이할 것입니다. 아이의 장애는 출산 순간부터 부모의 기대를 무너뜨립니다. 하지만 이 책의 저자들은 그런 아이가 얼마나 큰 선물인지, 얼마나 많은 기쁨을 주고 있는지 증언하고 있습니다. 하나님께서는 아빠·엄마에게 자녀를 맡기실 때 기대를 조절할 수 있는 능력도 함께 주십니다. 기대 조절 능력은 자녀의 있는 모습 그대로 감사하게 하는 신앙의 능력이며, 그 결과 부모와 자녀의 인생을 바꾸어 놓는 마술사입니다.

자녀에 대해 기대하지 않는 부모는 단 한 명도 없습니다. 공부에서, 대인 관계에서, 사회적 성공에서, 자신의 아이가 탁월하기를 원하지 않는 부모는 없습니다. 하버드대학교의 가족 연구 프로젝트에 따르면 부모가 아이의 학교생활에 높은 기대를 가지고 적극적으로 참여할수록 아이와의 소통도 선명하고, 더 열심히 공부하게 하여 학업 성취도가 높아진다는 사실을 발견하였습니다. 아이의 능력보다 좀 더 높은 목표를 잡게 하고, 지속적으로 격려할 때 긍정적인 결과를 얻을 수 있다는 연구입니다. 대신 아이의 능력이 부모의 기대에 부응하지 못할 때 문제가 일어납니다. 그렇기 때문에 부모는 자녀의 현실을 직시하고, 자녀가 자신의 가능성과 한계를 함께 받아들이도록 도와야 합니다. 하지만 기대 조절 능력이 부족한 부모는 자신들의 기대를 절대화하면서 자녀를 수단시합니다.

예를 들면, 자기가 원하는 방식대로 수학 필기를 하지 않았다고 중학생 아들을 때려서 귀의 출혈을 일으킨 아빠도 있었습니다. 그러면서도 그 아빠는 고시에 합격한 딸을 '장관님'이라 부르며 자랑스러워했습니다. 기대에 미치지 못하는 대학에 진학했다는 이유로 대학생인 딸의 자존심을 건드리는 아빠도 있었습니다.

하나님은 자녀들의 있는 모습 그대로 사랑하시는데, 까다로운 아빠들은 자신의 높은 기대로 아이를 분노하게 합니다. 비현실적인 기대는 아이에게 맞추어 유연하게 조정되어야 합니다.

수학 숙제를 제대로 풀지 못하는 딸에게 불같이 화를 내곤 했던 수학 선생님인 아빠는 자신을 아이에게 맞추어 주기로 하였습니다. 공부를 가르치기 전 먼저 진정제를 먹고, 화를 내지 않기로 다짐하면서 노력을 기울였습니다. 엄마도 딸에게 집중하고 격려해 주었습니다. 함께 고민하고, 함께 노력하자, 성적도 오르고 딸의 강박적인 습관도 좋아졌습니다. 그 결과 불안증 때문에 수학 시험 문제 5번을 넘어가지 못했던 딸이 기대 이상의 대학으로 진학할 수 있었습니다.

높은 기대에 부응하지 못한다고 아이가 분노의 대상

이 되어서는 안 됩니다. 무능하다고 무시당해서도 안 됩니다. 아이가 아니라 우선 부모가 변해야 합니다. 부모의 기대에 부응하지 못한다고 해서 쓸모없는 아이가 되는 것은 결코 아닙니다. 아이의 미래에 관한 한 부모의 경험과 지식은 지극히 제한되어 있습니다. 부모도 모른다는 뜻입니다. 부모의 기대에 부응하지 못하는 아이라 하더라도 그가 미래에 할 수 있는 일의 가능성은 무한합니다. 자녀는 하나님이 주신 미래의 가능성을 가지고 있습니다.

토머스 에디슨의 어머니처럼, 부모는 오히려 자녀에 대한 세상의 잘못된 기준이나 기대에 맞서야 합니다. 만일 학교가 아이를 세상적 기준으로 평가하거나 기대한다면 부모가 오히려 막아야 합니다. 어린 에디슨의 교사가 아이를 부적응자라고 학교에서 쫓아냈을 때, 그 엄마는 오히려 어린 에디슨을 지켜 주었습니다.

"너는 커서 반드시 다른 사람을 위해
유익한 일을 하는 사람이 될 거야."

남보란 듯이 성공하는 아이로 키우겠다는 기대만을 고집하는 부모는 자녀를 불행하게 만들기 쉽습니다. 그것은 자녀의 보이지 않는 잠재력까지 틀어막는 오류를 범하는 것입니다. 무엇보다도 그것은 하나님의 기대와도 다른 것입니다. 어린아이들을 환영하며, 그 아이들을 안고 축복해 주신 예수님의 관점을 통해서 보면, 아이는 부모의 기대 때문에 낙심해서는 안 됩니다. 자녀들의 존재 자체가 환영받아야 할 하늘의 선물들입니다.

자녀들은 존재 자체가 축복입니다. 오늘 아이들의 얼굴에 웃음이 있다면 그것은 놀라운 선물이며 은혜입니다. 하나님께서 주신 웃음입니다. 아이가 음식을 잘 먹는 것도 축복입니다. 밥값을 못한다고 꾸중하는 대신, 먹고 소화할 건강이 있는 것만으로도 아이는 부모에게 축복입니다. 아이의 머리카락이 잘 자라고, 몸이 잘 크는 것도 모두 하늘의 축복입니다. 친한 친구가 있고, 함께 점심을 먹을 짝이 있다면 그 자체가 놀랍고 감사한 하루의 기적입니다.

자폐증을 비롯한 장애 자녀를 가진 부모들의 아픔은 깊습니다. 그들은 자신이 죽은 후에 아이가 어떻게 살아야 할지를 염려합니다. 비록 아이에게 유산을 남겨 준다고 해도, 그 유산이 오롯이 아이를 위해 사용될 것이라는 확신이 없기 때문입니다. 그래서 그런 부모의 기대는 단순합니다. 엄마 자신이 아이보다 하루 더 오래 사는 것입니다.

나는 아빠로서 내 자녀들에 대해 무엇을 기대하십니까? 혹시 비현실적이고 실현 불가능한 환상적 기대로만 가득하지는 않습니까? 아이와 높이 바라보되 현실에 눈을 고정하십시오. 그리고 아빠의 기대와 아이의 현실을 대화로 명확히 하십시오. 그래서 아빠의 기대가 자신의 경험이나 세상의 탐욕이 아닌 성령으로부터 비롯된 기대가 되도록 조정하십시오.

아울러 아이가 최선을 다해 공부한 결과를 겸허히 받아들이고, 실수는 고치고, 장점은 더 키워 가십시오. 실수를 고치는 법은 아이가 이야기하도록 하는 것입니다. 이야기에는 스스로 돌아보고 잘못된 것을 고치는 힘이 있습니다. 아이의 이야기를 인내하며 잘 들어 주세요. 그리고 작은 성취가 있다면 축하하고 감사하세요. 아이에 대한 기대를 조절하면서, 이 땅에 살아가는 순간들을 함께 감사할 때, 아이들은 마음껏 잠재력을 펼치며 행복하게 자랄 것입니다.

 아빠의 변화

기대 조절 능력이란 자녀의 있는 모습 그대로를 받아들이고 사랑할 수 있는 능력을 말합니다. 기대 조절 능력은 부모와 자녀의 관계를 아름답게 변화시키는 마술사입니다. 비현실적인 기대를 버리고 자녀에 맞게 유연한 기대를 가져야 합니다. 자녀가 아니라 아빠가 먼저 변해야 합니다.

V. 엄마 같은 아빠

1. 황제 아빠

황제펭귄, 그들은 남극의 황제입니다. 우아한 자태와 고상한 몸짓들을 보고 있자면, 마치 그들이 고도의 인내심을 발휘하는 지적인 존재처럼 느껴집니다. 하지만 정작 그들을 진정한 황제 되게 하는 것은 그들의 생존법입니다. 사실상 남극에서의 그들 존재 자체가 기적이며, 아빠들의 본능 자체가 황제입니다. 암컷 황제펭귄은 기온이 영하 40-60도이며, 살인적 강풍이 몰아치는 남극의 겨울에, 수컷 펭귄의 발 위에 알을 낳습니다. 수컷 펭귄은 그 알을 발

등에 올려놓고 약 두달간 품어 부화시킵니다.

바다에서 마음껏 헤엄치며 몸을 불린 수천 마리의 황제펭귄들은 남극의 겨울을 앞두고 떼 지어 산란지를 향해 걸어갑니다. 그 짧은 다리로 20㎞를 걷는 동안 '올해의 부부'들이 탄생합니다. 황제펭귄은 매년 새로운 짝을 찾아 알을 낳고 새끼를 부화하는 것으로 알려져 있습니다. 이 과정에 짝을 찾지 못한 펭귄은 그해에 새끼를 가질 수 없습니다. 그런 펭귄들은 일찌감치 혼자 바다로 돌아갑니다.

짝을 만난 황제펭귄들은 몇 주 동안 함께 지내면서 스킨십과 친밀감을 즐깁니다. 다른 펭귄들로부터 서로를 보호합니다. 그리고 몇 주 후에 알을 낳습니다. 암컷이 알을 낳을 때 아빠가 될 펭귄은 그 앞에서 대기합니다. 암컷이 알을 낳자마자 바로 받아 자기의 두 발 위에 올립니다. 이 과정이 신속하게 이루어지지 않으면 알이 사롱란 즉 새끼가 될 수 없는 죽은 알이 됩니다. 영하 15도가 되는 바닥에서 알이 금방 얼어버리기 때문입니다.

신속하게 알을 받아 두 발 위에 올린 그때부터 아빠 황제펭귄의 처절한 사투가 시작됩니다. 엄마 펭귄은 남편에게 알을 맡기고 바다로 떠납니다. 몇 주간 먹지 못한데다가 알까지 낳으면서 체중의 1/4이나 잃었으니 엄마 펭귄은 영양 보충이 필요합니다. 하지만 아빠 펭귄은 같이 갈수 없습니다. 그 대신 아빠들끼리 똘똘 뭉친 '집단 인큐베이터'를 만듭니다. 함께 밀집한 상태로 혹한의 겨울 추위를 이기고, 다시 60-70일의 굶주림을 참아 내어 마침내 귀엽고 예쁜 새끼를 부화시킵니다.

남극의 겨울은 정말 춥습니다. 잠시라도 한눈팔면 알은 떨어지고, 얼고, 썩고, 깨집니다. 아빠 펭귄들은 발 위에 있는 알을 떨어뜨리지 않기 위해 매우 조심합니다. 캄캄한 겨울에 세찬 눈바람이 불면 불수록 아빠들은 서로 밀착하여 추위로부터 자신과 알을 지킵니다.

무리의 밖에 서 있는 펭귄들이 가장 힘듭니다. 칼바람을 몸으로 막아야 하기 때문입니다. 마치 경건하게 기도하는 사람처럼 머리를 앞으로 숙인 사천 마리의 아빠 펭귄들은 조금씩, 조금씩 움직이면서 밖에 있는 펭귄은 점점 안으로, 안에 있던 펭귄은 점점 밖으로 나가며 교대로 서로를 보호해 줍니다. 아빠 펭귄들은 아무것도 먹지 않고 오직 서로의 체온만 의지하여 캄캄한 혹한의 겨울을 이겨 냅니다.

겨울이 지나고 따사로운 햇빛이 돌아온 어느 날, 아빠 펭귄들의 발에서는 기적이 일어납니다. 작고 검은 부리를 가진 새끼 펭귄이 알을 뚫고 밖으로 나옵니다. 아빠의 발 위에서 조그만 머리를 내밀고 탄생의 신호를 내보내기 시작합니다.

더 놀라운 장면은 그다음에도 계속됩니다. 사방 어디를 둘러보아도 새끼 펭귄을 먹일 음식은 없습니다. 새끼 펭귄의 주린 배를 채우는 유아식의 비밀은 아빠의 목에 있습니다. 여러 달의 연이은 굶주림에 아빠의 뱃속에는 남아있는 것이 없습니다. 그런데 새끼가 알을 깨고 나왔을 때 아빠의 본능이 몸속에 숨어있는 음식 곧 '펭귄 밀크'를 끄집어내게 만듭니다. 새끼를 위해 저장된 뱃속의 음식을 끌어올려 새끼에게 처음으로 '모유'같은 음식을 먹입니다. 물론 이때에 맞추어 엄마 펭귄이 돌아와서 아빠와 바통 터치를 해야만 합니다. 그래야 아빠와 새끼가 살 수 있습니다. 혹시 엄마가 오는 길에 무슨 일이 생기거나, 바다표범에게 해를 입으면 새끼는 성공적으로 부화했다 해도 살 수는 없습니다. 아빠 펭귄도 오래 굶주려서 바다로 떠나야만 하기 때문입니다.

황제펭귄은 인간 아빠들을 위한 메타포 즉 상징입니다. 다음세대의 탄생과 성장을 위해 아빠의 위치와 역할이 생명만큼 중요합니다. 물론 자녀들에게 필요한 대부분의 육체적, 정서적 필요들은 엄마들이 채워 줍니다. 하지만 아빠의 역할도 이에 못지않게 중요합니다.

모성애를 최대한 발휘하기 위해 엄마는 정서적인 안정을 유지해야 합니다. 엄마의 정서적 안정은 아빠의 안정된 정서적 자리(positioning)가 필수적입니다. 아빠는 엄마를 안심하게 하고, 가족을 편안하게 만들어 주어야 합니다. 그것은 가족을 먹이는 것만큼 중요합니다. 그러나 많은 아빠들이 바쁘다는 이유로, 피곤하다는 이유로, '그런 건 여자의 일'이라며 가족의 정서적 안정에 무관심하거나 그 상태를 방치합니다.

특히 사회적인 성공의 경험이 많은 아빠일수록 가족의 연약함이나 무기력에 대해 몹시 '분노'합니다. 심한 아빠들은 자신의 트라우마나 고약한 술 습관 때문에 가정을 폭력이 일어나는 두려운 장소로 만들기도 합니다. 가족들의 이런 불행은 21세기 한국의 가정에서도 흔하게 나타납니다.

아빠는 가족들에게 우아한 '황제'가 되어야 합니다. 책임감이 강하고 인생의 모진 강풍을 몸으로 막아내어 가족을 보호하는 강한 황제가 되어야 합니다. 새끼를 부화하고 펭귄 밀크를 먹이는 아빠 펭귄들처럼 섬세하고 자기희생적인 아빠가 되어야 하겠습니다. 자기 배가 고파도 가족들은 육체적, 정서적으로 배가 고프지 않도록 섬세하게 돌보아야 합니다. 말 한마디, 톡 하나라도 가족의 정서를 풍요롭게 하는 '황제'의 언어를 사용해야 할 것입니다.

아빠 펭귄들에게 생존의 본능과 강인함 그리고 섬세함을 주신 분은 하늘의 아버지 하나님이십니다. 아빠 황제 펭귄들의 모습을 볼 때 순간순간 그들을 지으신 하나님을 생각하지 않을 수 없고, 또 그분을 찬양하지 않을 수 없습니다.

하나님은 강하고 섬세한 분이십니다. 우리의 아버지로서 친절한 보호자이시고, 무한한 인내를 발휘하는 인격자이십니다. 하나님은 아버지로서 노하기를 더디하시며 사랑이 풍성하십니다. 인간 아빠들은 펭귄보다도 훨씬 더 이런 아버지 하나님의 형상을 닮았습니다. 존귀하고 고결하신 아버지 하나님을 닮고자 하는 노력이 바로 진정한 '황제'아빠가 되는 지름길입니다.

 아빠의 변화

아빠의 안정된 정서적 자리는 엄마의 안정을 위해 필수적입니다. 가족의 정서적 안정은 음식만큼이나 중요합니다. 황제 아빠는 황제의 너그러운 마음가짐을 가지고 품위 있는 황제의 언어를 사용합니다.

2. "엄마 됐지?"

"엄마 됐지?"

만일 이 말이 고등학생 아들이 남긴 마지막 유언이라

면 어떻겠습니까? 실제로 유명한 한 고등학교에서 오랜 노력 끝에 전체 일등을 차지한 아이가 이 말을 남기고 스스로 목숨을 끊었다고 합니다. 너무나 아깝고 안타까운 일이 아닐 수 없습니다.

100년 전 활동했던 실존주의 철학자 마르틴 하이데거(Martin Heidegger)는 개별성을 무시한 효율성의 틀이 현대 기술 사회의 핵심 가치라고 했습니다. 현대 사회에서 개개인의 능력은 숫자로 환산되고, 그 숫자들로 효율성이 평가됩니다. 그 평가 점수에 따라 한 사람의 가치가 결정됩니다. 여기에서 개인의 주관성과 개별성은 무시됩니다. 현대 기술은 인간 자체를 개별적으로 존중하거나 높이 평가할 여유가 없습니다.

한국 사회는 거대한 계산기와 같습니다. 한 사람의 능력은 돈과 지위로, 자녀들의 가치는 학교 성적, 진학, 취업으로만 평가됩니다. 지위나 소득이 높은 사람, 성적이 높은 아이는 권력과 목소리를 가지고, 그렇지 못한 사람은 가족 안에서부터 사람으로서의 지위를 잃어버리기 시작합니다.

기독교학교에 다니는 중학교 2학년 여학생이 말했습니다.

"성적은 권력이에요!"

그 아이가 그렇게 말한 이유가 있습니다. 자기 반에서 1등 하는 아이는 자기 성적을 믿고 다른 친구들에게 말을 함부로 한다고 합니다. 자존심 상하는 이야기나 욕설도 서슴지 않습니다. 그런데도 다른 친구들은 그 아이보다 성적이 낮으니까 참을 수밖에 없습니다. 어쩌다가 누군가가 기분 나쁘다고 이야기하면 "농담이야. 너는 농담도 못 받아?"라고 말하며 오히려 그 친구를 이상하게 만들어 버립니다.

우리가 우리 아이들을 이상하게 만들고 있습니다. 하이데거의 표현을 빌자면 아이들이 '존재'(being)가 되지 못하게 합니다. 주체가 아닌 객체, 인격이 아닌 사물, 사람이 아닌 괴물이 되도록 방치 혹은 부추기고 있습니다. 그리고 그 비인격적인 경쟁의 흐름은 좀처럼 멈출 기미를 보이지 않습니다. 오히려 더 가속을 붙여, 스트레스와 자살로 떨어져 나가는 아이들을 '부적응아'로 낙인찍습니다.

우리는 그 원인을 우리 사회의 '효율적' 현대화 구조에서 찾을 수 있습니다. 하이데거가 말한 '효율성'(causa efficiens)이 바로 그것입니다. 대한민국은 어쩌면 세계에서 가장 효율적인 사회 구조를 가지고 있습니다. 땅이 좁고 인구는 적지만 고학력의 인력, 효율화된 아파트 구조, 빠른 인터넷, 단기간 학습 요령 등등, 어느 하나도 낭비되는 요소가 없습니다.

이처럼 빠르고 효율적인 체계는 곧 한국인의 정서를 반영합니다. 한국인들은 부지런하고 성실합니다. 깨끗하고 강합니다. 통일된 규격이 있어, 개별성과 개인적 사정은 '변명과 무능력'으로 치부됩니다. 예외 인정을 어려워하고, 열외의 기준을 허용하지 않습니다. 오직 생산성과 효율성의 정신이 가정과 사회를 지배합니다.

그 결과 부모들의 생각마저 병들고 오염되었습니다. 성적과 진보라는 세상의 틀만으로 내 자녀를 평가합니다. 그것은 아우구스티누스(Augustinus)가 말한 '죄'의 개념과 정확히 일치합니다. 그는 죄를 '병든 사랑'(Cupiditas, disordered love)

이라고 했습니다. 아이를 사랑하는 것이 아니라 아이의 높은 성적을 더 사랑하고, 아이를 자신의 '자랑거리'로 만들겠다는 무모한 사랑, 그것이야말로 병든 사랑이자 '성적 우상'을 숭배하는 죄입니다.

가정에서 우리는 하이데거가 말한 '개별성'을 다시 찾아야 합니다. 다른 아이와 차별되는 우리 아이의 장점과 특성을 눈여겨보아야 합니다. 그리고 그런 장점이 나타나는 순간을 놓치지 않고 칭찬과 격려를 쏟아 부어야 합니다.

아울러 가치 중립적이지 않은 현대의 과학 기술, 스마트 문명의 정신에 대해 부모들은 의구심을 가져야 합니다. 그것들 배후에 있는 효율성이라는 메시지가 아이들을 왜곡하여 보게 하는 이 시대의 우상이며 죄악이기 때문입니다. 교회도 역시 세상의 관점에서 벗어나야 합니다. 공부 잘하는 아이를 자랑하고 감탄했던 마음을 회개해야 합니다. 그 이유는 그렇지 못한 아이들을 실족하게 했기 때문입니다.

하나님은 한 사람의 중요성과 가치를 성과나 효율성이 아닌 그들이 태어나 살아가는 존재 그 자체에 두셨습니다.

하나님은 한 아이가 공부나 성공 이전부터 그들을 사랑하셨고 불러 주셨습니다. 그들 모두를 개별적으로 아시고 사랑해 주셨습니다.

이제부터라도 아빠들은 자녀에 대한 사랑과 기쁨을 조건화하지 않아야 하겠습니다. 한 아이가 우리 가정과 교회에 태어난 것만 해도 신묘막측(神妙莫測)한 일입니다. 부모의 기대에 맞추어 불행하게 사는 아이가 아니라, 엄마의 감탄과 사랑을 기대하며 "엄마, 오늘은 나 어때?"라고 밝게 웃는 아이로 키워가야 하겠습니다.

 아빠의 변화

내 자녀의 개별성을 찾아 칭찬해 주세요. 내 자녀만의 장점은 하나님이 주신 선물입니다. 어떤 성공을 하기 전에 하나님은 내 자녀를 먼저 사랑하시고 감탄하십니다.

3. 미루어 둔 숙제

"그게 왜 아빠 탓이야?"

"무슨 애가 왜 이렇게 집요해!"

"아무래도 얘 성격 장애가 있는 거 같아."

"넌 너무 예민하고 지긋지긋해!"

"나도 힘들어! 변하려면 너나 변해!"

아들 때문에, 딸 때문에, 부모들의 마음은 힘듭니다. 참 억울합니다. 바빴지만 나름대로 아이가 원하는 것 해 주고, 스킨십도 해 주고, 필요한 것도 다 해 줬다고 생각했는데 아이는 좀처럼 인정하지 않고, 만족스러워하지도 않은 채 커서도 불만을 뿜어냅니다. 그럴수록 부모는 점점 방어적으로 변하고, 아이는 더 징징댑니다. 너무 답답하여 불행한 마음에 죽을 것만 같습니다. 하지만 자녀들의 이야기를 들어 보면 또 다른 느낌을 받습니다.

"부모님이 나를 많이 사랑해 줬다는데, 근데 왜 난 서운하지?"

"엄마는 왜 내 마음을 그렇게도 못 읽어 주세요?"

"난 이렇게 아프고 힘든데 아빠는 왜 손 한번 안 잡아 주고, 갈수록 나에게서 점점 도망가는 것처럼 느껴질까?"

아이들은 왜 이렇게 서운하고 힘들어할까요? 아이들의 판단이나 감각이 잘못되었을까요? 정말 아이들이 성격 장애를 갖고 있어서 이렇게도 부모 마음을 못 알아주고, 자기 연민에 빠져서 힘들어 하기만 하는 걸까요?

제가 볼 때는 모두 참말입니다. 부모는 최선을 다했고, 아이는 부모 때문에 마음이 아픕니다. 그러면 상담자는 누구 편일까요? 당연히 아이 편입니다. 왜냐하면 아픈 사람은 아이이기 때문입니다.

그렇다면 왜 이렇게 말이 통하지 않는 것일까요? 그건 서로가 기억하는 부분이 달라서 그렇습니다. 부모 머리에는 아이를 위해 최선을 다한 것이 저장되어 있습니다. 하지만 아이의 아픈 기억들은 가슴에 새겨져 있습니다.

<뉴욕 타임즈> 한 기사에 따르면 "자율성 지지"(autonomy support)가 무조건적 사랑에 반드시 첨가되어야 한다고 말합니다. 자율성 지지란 아이에게 어떤 순종을 요구할 때 미리 적절하게 그 이유를 설명해 주고, 아이의 인생에 중요한 결정을 내려야 할 때 아이가 함께 참여하도록 격려하는 것을 말합니다. 자율성 지지는 아이를 조종하지 않으면서도 아이의 관점에서 함께 미래를 상상하는 것을 말합니다.

모든 종류의 조건적인 사랑은 아이들과 부모 사이를 갈라놓습니다. "공부 잘하면, 정돈 잘하면, 착하게 굴면" 사랑해 주겠다고 하며, 사랑을 무기로 아이를 통제하려 해서는 안 됩니다. 무조건적으로 사랑해야 합니다. 그러나 부모가 모든 것을 포기하는 것은 아닙니다. 아빠·엄마가 어떤 일을 좋아하는지, 어떤 일은 싫어하는지에 대해서 설명해 주면 됩니다. 그래서 어떤 경우에는 아빠·엄마가 차가워질 수 있다는 것을 예측하게 해 주어야 합니다.

아이들에게 사랑이 필요합니다. 사랑이 필요한 만큼 자율성 지지도 필요합니다. 때늦은 사과는 결코 늦지 않습니다. 더 후회하기 전에 아빠·엄마는 지금껏 미루어 놓은

이 숙제 하나를 꼭 해야만 합니다. 어린 시절 너무나 엄격하게 처벌한 아빠, 아이의 정서를 전혀 공감하지 못한 엄마, 이제라도 아이에게 미안하다고 사과해 주십시오.

아빠의 변화

아픈 기억들은 자녀의 마음에 새겨져 있습니다. 좋은 아빠도 아이의 좌절을 읽어냅니다. 자녀에게는 사랑이 필요한 만큼 자율성도 필요합니다. 더 늦기 전, 자녀에게 잘못했던 것은 미안하다고 말해 주세요.

4. 엄마 같은 아빠

미국심리과학학회(APS)가 발간하는 저널 『심리과학』(Psychological Science)에 따르면 아빠들은 혼자 살아가는 싱글들에 비해 삶에 있어서 더 많은 의미와 행복, 그리고 긍정적인 정서를 느낀다고 합니다. 비록 아빠가 되는 것이 그리 단순한 일은 아니지만, 그 많은 책임에 비해 아빠가 됨으로써 얻는 유익이 아빠가 아닌 남성들에 비해 매우 크다는 것을 알 수 있습니다. 그에 비해 엄마들의 만족도는 아빠보다 낮습니다. 그 이유는 집안일 때문입니다. 아빠들이 아이들과 잘 지내면서 즐거움을 느낄 때, 엄마들은 아이들과 집안일들로부터 오히려 스트레스 받기 때문입니다. 아빠들은 소소한 일에 스트레스를 덜 받으면서도 아빠 스타일로 아이들에게 특별한 경험들을 선사해 줄 수 있습니다.

엄마의 돌봄은 흔히 '얼굴과 얼굴을 마주하는'(face to face) 경험이라고 합니다. 그에 비해 아빠의 돌봄은 '어깨와 어깨를 마주하는'(shoulder to shoulder) 경험입니다. 엄마들은 주로 얼굴을 마주 보며 아이들과 대화하고, 또한 아이들의 따뜻하고 착한 거울 역할을 하면서 정서적 친밀감을 강화시킵니다. 그에 비해 아빠들은 어깨와 어깨를 맞대고 함께 활동하며, 영화를 함께 보거나, 게임을 같이 하거나, 달리기, 운동, 자전거 타기 등을 함께할 수 있습니다. 아빠와 함께 어깨와 어깨를 마주한 경험이 많은 아이들은 자신이 하는 일에 대한 자신감이 높고, 또한 자신이 맡은 일에 대한 완성도가 다른 친구들에 비해 높습니다.

아빠와의 활동이 자녀들에게 주는 의미는 의외로 많고 다양합니다. 아빠로부터 인정을 받고 사랑을 받는다는 사실은 엄마의 인정과 사랑을 받는 것보다 아이들에게 훨씬 큰 만족감을 줍니다. 특히 청소년기를 지나 청년기에 들어서는 자녀들에게는 아버지의 수용과 사랑이 삶의 행복과 만족감을 지탱해 주는 힘이 됩니다. 그렇게 자란 자녀들은 회복 탄력성(resilience)이 강합니다. 어렵고 힘든 일을 만났을 때도 일어나 다시 도전할 수 있는 힘이 많다는 뜻입니다.

아빠들의 부성애는 자녀를 향한 엄마의 모성애와는 비교할 바가 못 됩니다. 아이를 이해하고 그 필요에 반응하는 데 아빠들은 좀처럼 엄마들을 따라잡기가 어렵습니다. 그렇다고 아빠들이 아이들에 대해 그리 무감각한 것도 아닙니다. 2013년에 나온 한 연구에 따르면, 아빠들도 엄마만큼 똑같은 시간을 아이와 함께 있으면 아이가 우는 이유를 엄마만큼 정확하게 알 수 있다고 합니다. 그러므로 반복과 훈련을 통해 아이를 이해할 수 있는 아빠들의 잠재력을 결코 과소평가해서는 안 될 것 같습니다.

성경에서 우리는 하나님을 아빠, 혹은 아버지라 부릅니다. 예수님께서 하나님을 "아버지여!"하고 부르셨듯이 우리도 "하늘에 계신 우리 아버지여!"라고 부릅니다. 생명의 주인 되시고 우리를 보호하시는 하나님에 대한 가장 친근하고 완벽한 표현입니다. 하지만 동시에 하나님은 어머니와 여성들의 창조자이십니다. 엄마 역시 하나님의 형상으로 지음 받았습니다. 그래서 성경은 하나님의 사랑을 엄마의 모성애적 사랑과 비교하기도 하였습니다.

"여인이 어찌 그 젖 먹는 자식을 잊겠으며 자기 태에서 난 아들을 긍휼히 여기지 않겠느냐 그들은 혹시 잊을지라도 나는 너를 잊지 아니할 것이라"(사 49:15).

이 말씀은 포로로 잡혀간 이스라엘 백성에 대한 하나님의 사랑을 젖먹이 엄마의 모성애로, 자기가 낳은 아들을 긍휼히 여기는 여인의 사랑으로 이야기합니다. 이 말씀에서 우리는 아버지 하나님으로부터 자식을 결코 잊지 않는 엄마의 강한 사랑을 느낄 수 있습니다. 참 우아하면서도 가장 믿음직한 하나님 아버지의 어머니다운 모습입니다.

　사실 누가복음 15장 탕자 비유에 등장하는 아버지는 고대 근동에서는 결코 기대할 수 없는 아버지의 모습입니다. 재산을 탕진하고 가정에 불명예를 가져온 아들에 대해 아버지가 하는 일은 아들을 쫓아내거나 자식의 권한을 박탈함으로써 가정의 명예를 지키는 것입니다. 당시 아버지는 자녀들의 운명을 결정짓는 재판관이었기 때문입니다. 그러나 탕자의 아버지는 달랐습니다. 엄마 같은 아버지였습니다. 아들을 보자마자 멀리서부터 달려가서 끌어안고, 입 맞추고, 씻기고, 옷을 입히고, 반지를 끼우고, 송아지를 잡아 잔치를 벌였습니다. 참 엄마다운 아버지의 모습입니다. 그것은 곧 사랑이 많으시고 은혜로우시며 노하기를 더디 하시는 우리 하나님 아버지의 모습입니다. 이것이 우리 모든 아빠가 닮아야 할 아빠의 원형입니다.

　물론 관심이 지나쳐서 '헬리콥터 아빠'가 되는 분들도 있습니다. 자녀를 사랑하지만 지나치게 자녀들의 세계에 몰입하거나 간섭하는 아빠들입니다. 그렇게 되는 이유는 자녀의 미래에 대한 부모의 과도한 두려움과 불안, 자기들이 부족했던 부분을 보상하려는 지나친 욕구 때문입니다. 결국 헬리콥터 아빠는 미성숙하고 의존적인 아이들로 만들어 갈 뿐입니다.

우리나라에는 '바짓바람'이란 것도 있습니다. 지나치게 아이들을 통제하고 간섭하는 '치맛바람' 엄마에 대비되는 표현입니다. 헬리콥터 아빠들은 아이들의 자신감을 떨어뜨리고, 친구들 사이에 수치심을 일으키며, 결국 아이들로 하여금 아빠를 불신하게 하고, 아빠와 멀어져서 기대를 '배신'하게 합니다.

아빠들에게 아이에 대한 믿음과 한 걸음 후퇴가 필요합니다. 탕자의 아버지처럼 아이의 요구에 귀 기울여 주고, 좀 더 긴장을 풀고, 아이가 스스로 문제를 해결하기까지 기다려 주는 아빠에게서 아이들은 평온함과 삶에 대한 자신감을 느낍니다. 그뿐 아니라 자신의 잘못을 깨닫고 돌아오는 아이에게 달려가 끌어안고, 키스하고, 용서하는 아빠를 통해 아이들은 하나님의 엄마 같은 사랑을 배웁니다.

엄마와는 얼굴과 얼굴을 마주하지만, 아빠와는 어깨와 어깨를 마주합니다. 이렇게 자란 자녀는 어려운 환경에서도 자신감을 잃지 않습니다. 회복 탄력성은 하나님 아버지처럼 사랑이 많고 은혜롭고 분노를 오래 참는 아빠의 자녀들에게서 높이 나타납니다.

5. 분노를 이기는 아빠

아빠의 잦은 분노는 가족들의 반감을 일으킵니다. 자녀들과 아내에게 자주 분노하는 아빠는 존경받기 어렵습니다. 분노를 다스리지 못해 함부로 말하거나 행동할 때 가족들은 평생에 남을 상처가 생길 수도 있습니다.

교회 집사인 아빠에게 구타를 당하는 어떤 고등학생은 아빠가 그 자리에 없어도 심각한 공포심을 느끼며 고통스럽게 하루하루를 살고 있었습니다. 따뜻함은 없고 분노만 하는 아빠들은 자라나는 자녀들에게 낮은 자존감, 자기 비하, 그리고 평생에 트라우마로 남을 수 있는 두려움을 일으킵니다.

이와는 대조적인 경우가 있습니다. 책『나의 아버지 손양원 목사』의 저자인 손동희 권사님과 그 아버지 손양원 목사님입니다. 손 권사님은 해방이 되어 아빠가 집으로 돌아온 날을 기억합니다. 아빠는 신사참배에 반대해 감옥에 갇혔고 뼈와 가죽만 남은 거지꼴로 집에 돌아왔습니다. 그런데도 아빠는 "어디 보자. 이놈들아, 귀여운 내 새끼들. 그동안 얼마나 고생이 많았느냐?"하며 손 권사님과 동생을 한꺼번에 끌어안아 주었습니다. 아빠는 자녀들 앞에서 자기 아내를 세상에서 가장 아름다운 여성이라고 자주 칭찬하였고, 그 때문에 아이들은 아빠가 엄마를 진심으로 사랑한다는 것을 느낄 수 있었습니다. 아빠 손양원 목사님은 자녀들을 볼 때 머리에 손을 얹고 축복 기도를 해 주었고, 여·순 사건에서 희생된 아들들을 진심으로 슬퍼하였으며, 어린 딸과 관련된 작은 일도 딸에게 직접 의견을 묻고 결정하려 하였습니다.

화를 잘 내는 아빠들은 눈 뜨면서부터 화를 냅니다.

물론 불만스런 일이나 마음에 차지 않는 상황이나 말썽을 피우는 아이가 있기 때문일 것입니다. 직장이나 사업, 아내와의 나쁜 관계도 그 이유가 됩니다. 잠을 잘 때조차 분노가 가득하여 아이들을 비난하기도 하고, 자기 연민이 강하여 계속하여 남 탓만 합니다.

놀라운 사실은 그런 아빠들이 직장에서는 둘도 없이 순하고 남을 잘 돕는 '착한' 직장인일 수 있다는 것입니다. 자기 일을 성실하게 잘할 뿐만 아니라, 남의 일까지 잘 도와줍니다. 남들과 부딪치는 것을 싫어하는 평화주의자이며, 날카로운 토론보다 평화로운 침묵을 선택하고, 때로는 유머 감각과 배려심도 많습니다. 교회에서도 성실하게 봉사하고 인간관계가 좋은 아빠입니다.

그러나 집에서는 다릅니다. 주체하지 못하는 분노 때문에 부부 싸움이 잦고, 우울한 기질 때문에 짜증을 자주 냅니다. 가장으로서 가족들이 편하게 쉴 수 있는 분위기를 만들어 주지는 않고, 거꾸로 가족들의 하루의 시작을 기분 나쁘게 만들고 집에 들어오는 것조차 불쾌하게 만듭니다.

성급하고 분노가 잦은 아빠는 완고하고 융통성 없는

성격의 소유자입니다. 그렇게 불규칙하고 불안한 성격을 가지고 있으면 아이들은 자유롭고 행복한 인생을 살 수 없습니다. 늘 아빠의 분노에 주눅 들어 있기 때문입니다. 눈치 보고, 물러서고, 당황하며 평생 고통을 지고 갈 수 있습니다. 그것이 아니라면 아예 아빠의 속박을 떨치고 나가 평생 아빠를 비난하거나 아빠 없는 인생을 살 수도 있습니다.

그렇다면 아빠들은 어떻게 해야 할까요? 걱정 마십시오. 성격이 급하고 불같이 화를 내는 아빠들도 노력과 변화를 통해 따뜻하고 좋은 아빠가 될 수 있습니다. 대신 그러기 위해서는 용기가 필요합니다.

첫째, 자신의 분노를 인식하고 예측하십시오. 화가 올라올 때는 버럭하기 전에 '화가 올라오고 있구나!'하는 것을 인식해야 합니다. 그리고 누구에게 어떤 말을 하려고 하는지 먼저 생각하고, 잠깐이라도 고민하고 걸러서 말을 하는 훈련이 필요합니다.

둘째, 아이들에게 사과하고 양해를 구해야 합니다. 지금까지 아이를 혼내기만 했거나 자주 분노하여 아이를 기죽게 했다면 반드시 미안하다는 말을 해야 합니다. 톡이나 문자도 괜찮습니다. 그래야 아이의 오랜 상처가 아물기 시작합니다. 마음의 진심을 담아, 아이가 이해할만한 말과 방식으로 미안한 마음을 전달해야 합니다.

셋째, 아빠는 자신이 스트레스를 받는 원인을 생각해 보아야 합니다. 힘든 하루를 살면서 어떤 스트레스를 누구에게 받았는지, 어떤 압박감을 갖고 있는지 생각하고, 말하기 전에 정리하는 습관이 필요합니다. 컴퓨터에 내 심상을 정리해 보거나, 현재 마음 상태를 직접 글로 적어 보는 것도 스트레스를 정리하고 분노를 누그러뜨리는 데 도움이 됩니다.

넷째, 아빠에게는 신체 활동이나 남성들끼리의 스포츠 활동이 필요합니다. 시간을 정해 놓고 컴퓨터 게임을 하거나 자신이 좋아하는 영화를 보는 것도 스트레스를 해소하는 데 도움이 됩니다. 자신에게 맞는 방법을 사용하십시오. 도박이나 술 같은 나쁜 습관이 아니라면 유익하고 생산적인 해소법이 될 것입니다. 특별히 내성적이고 소극적인 아빠들의 분노는 예측하기 어렵습니다. 아빠가 조용한 성격의 사람이라고 해서 분노가 없는 것이 아닙니다. 오히려 분노가 더 깊이 잠재되어 있을 수 있습니다. 다른 사람과 어울려 운동하기 어렵다면 혼자만의 산책이나 헬스, 독서나 영화를 보는 습관이 도움 됩니다.

다섯째, 아빠는 분노가 자신을 사로잡지 못하도록 분노 표현을 늦추거나, 분노 상태가 오래가지 않도록 시간을 줄이는 노력을 해야 합니다. 성경 말씀처럼 사람의 성내는 것은 하나님의 의를 이루지 못합니다(약 1:20). 모세가 성급하게 분노한 이유로 하나님의 영광을 가렸고, 결국 그 이유로 약속의 땅에 들어갈 수 없었습니다. 아빠가 분노를 다스릴 때 가정을 아름다운 약속의 땅으로 만들 수 있습니다.

여섯째, 아빠는 분노를 잘 다스림으로 마귀를 이겨야 합니다. 분노하는 것은 인지상정이지만 그것이 해가 지도록 오래가면 마귀가 틈탑니다(엡 4:26-27). 마귀는 분노하는 마음에 기름을 부어서 스스로 화가 난 이유를 정당화시킵니다. 아이에게 더 센 말, 더 날카로운 말, 낙심하게 할 만큼 더 악한 말을 '시원'하게 표출하라고 속삭입니다. 화가 난 상태이기 때문에 마귀가 그렇게 유혹한다는 사실도 모른 채 아빠는 분노의 감정을 센 말로 뿜어냅니다. 그러나 무모한 분노는 반드시 후회하게 된다는 것을 기억하십시오.

분노를 참고 좋은 아빠가 되기 위해 마지막으로, 아빠는 새사람이 되어야 합니다. 루이스(C. S. Lewis)는 호감 주는 사람이 되지 말고 새사람이 되라고 하였습니다. 그것은 우리를 사랑하시는 그리스도를 닮아 성품에까지 새로워지는 새사람입니다. 아빠들은 심령의 새로움을 입고 진리의 거룩함으로 새사람을 입어야 합니다(엡 4:23). 그래야 분노가 마음대로 휘젓고 다니며 주인 노릇이나, 우상 행세하려는 비극을 막을 수 있습니다. 자기 분노를 이기는 따뜻한 인격을 가진 아빠가 되어 우리 모든 아빠들이 손양원 목사님처럼 세상을 떠난 후에도 그리움과 사랑받는 아빠가 되어야 하겠습니다.

 아빠의 변화

아빠의 분노가 잦으면 자녀는 자유롭고 행복하게 자랄 수 없습니다. 자신의 분노를 예측하고, 건강한 방법으로 스트레스를 해소하세요. 분노의 강도를 낮추고 분노하는 시간을 줄이세요. 호감 주는 멋진 사람이 되려 하지 말고, 예수님을 믿는 새사람 되세요. 인생이 달라질 것입니다.

VI. 아빠와 영혼

1. 아빠가 들려주는 성경 이야기

영화 <우리가 꿈꾸는 기적: 인빅터스>(Invictus)는 인종 분리 정책인 아파르트헤이트(Apartheid)를 끝낸 남아프리카 공화국 대통령 넬슨 만델라와 관련된 이야기를 담고 있습니다. 영화 속 만델라 대통령은 아주 인상적인 이야기를 합니다.

"사람의 깊은 잠재력까지 발휘하도록 독려할 때 가장 필요한 것은 영감입니다. 영감은 다른 사람들의 작품에서 나옵니다. 예컨대 시(詩)는 불과 몇 개의 단어들이지만 내가 로벤 섬에서 27년 감옥생활을 하며 가장 어려웠을 때 나를 일으켜 주었습니다."

시가 그렇다면 하물며 성경은 어떻겠습니까? 겉으로 보기에 성경은 단어들의 조합이고 문장의 결합입니다. 그러나 성경은 성령님의 영감으로 기록된 하나님의 말씀입니다. 복음은 불과 몇 마디의 말이지만, 그것을 듣거나 읽은 사람은 삶의 이유를 찾고 영생을 얻습니다.

하나님이 생명의 말씀을 책과 글로 우리에게 남겨 두신 이유를 이해하십니까? 인간의 단어는 힘이 있습니다. 인간은 이성적이고 지적인 존재이기에, 성경의 단어들의 조합 속에서 영감을 얻고 영생을 얻습니다. 성경을 읽는 것은 하나님의 음성을 듣는 것이고, 성경을 이야기하는 것은 하나님의 말씀으로 생명을 전해 주는 것입니다.

어린이들에게도 하나님의 말씀이 필요합니다. 신기하게도 어린이들은 하나님의 말씀에 굶주려 있고 늘 배고파합니다. 순수한 복음을 조금만 전해 주어도 어린이들의 표정은 밝아집니다. 세상이 줄 수 없는 영혼의 양식이기 때문입니다.

성경에서도 어린이들은 구원 역사를 탐색하고 궁금해하는 존재들입니다. 첫 유월절을 지킬 때 아이들은 "이 예식이 무슨 뜻입니까?"(출 12:26)라고 물었습니다. 그러면 아빠와 어른들은 애굽에서 이스라엘 자손의 집 곧 "우리 집을 구원하셨"다고 대답했습니다(출 12:27). 요단 강을 건넌 뒤 이스라엘 백성이 쌓은 열두 돌단을 두고도 아이들이 아빠에게 "이 돌들은 무슨 뜻입니까?"(수 4:21)하고 물으면 아빠들은 "이스라엘이 마른 땅을 밟고 이 요단을 건넜"단다(수 4:22)라는 대답을 해야 했습니다.

아빠들은 하나님의 구원 이야기와 가족의 구원 이야기를 잘 알아야 합니다. 그리고 자신의 구원 이야기를 미리 정리해 두어야 합니다. 하나님의 구원 이야기는 성경의 이야기이고 거대 내러티브입니다. 그러나 가족과 자신의 구원 이야기는 우리 시대의 체험 이야기이고 개별 내러티브입니다. 여기서 내러티브는 아이들에게 말해 주는 스토리텔링(story-telling)을 가리킵니다.

만일 아빠가 자녀들에게 하나님 말씀 이야기하는 것을 두려워한다면 어떻게 될까요? 공부하는 데 방해될까 봐, 아니면 아이가 짜증을 낼까 봐 두려워 입을 꾹 다물고 있다면 아빠의 가장 중요한 임무 하나를 무시하는 것입니다. 아빠는 하나님의 구원을 자녀들에게 이야기해 주는 사람이어야 합니다.

아빠들은 자녀들이 어릴 때부터 재미있는 성경 이야기를 직접 들려주세요. 아빠의 말로 해석된 성경 이야기는 내 자녀만을 위한 아빠 황제펭귄의 펭귄 밀크와 같습니다. 자기 속에 4개월 저장된 먹이로 부화한 새끼를 먹여 살리는 그 펭귄 밀크 말입니다. 아빠의 성경 이야기는 아이 영혼의 초유(初乳)와 같은 양식입니다.

자녀들이 가장 좋아하는 것은 부모와의 대화입니다. 그 다음으로 좋아하는 것은 부모와 함께 드리는 예배입니다. "아빠, 오늘은 예배 안 해?" 예배의 좋은 습관을 가진 가정의 아이들은 예배를 기다립니다. 아이들은 천생 타고난 예배자들입니다.

아이들은 불을 끄고 누워서 아빠가 들려주는 다윗과

골리앗 이야기를 베고 잠듭니다. 아빠가 들려주는 성경 이야기는 하나님의 임재를 느끼게 하고, 잠자는 아이들에게 평안을 줍니다. 아이들의 영혼을 소성시키고 마음을 행복하게 합니다. 그리고 하루 동안 수고한 엄마를 쉬게 합니다.

물론 아이들도 죄인이기에 성경 이야기를 싫어할 수 있습니다. 아이들도 생각과 감정과 의지에 자기중심적일 때가 많습니다. 이기적인 모습도 분명히 있습니다. 그래서 어떤 상담자는 인간이 사는 행성 지구에서 가장 어려운 것이 아이를 기르는 것이라고 말합니다. 어떤 아빠는 자신이 과거에 경험한 결핍이나 상처 때문에 오히려 아이가 원하는 것을 다 해 주었지만 오히려 나쁜 결과를 맞이하기도 합니다. 아이가 원하는 것을 다 해 주는 것은 무조건적인 사랑도, 건강한 양육도 아닙니다. 그것은 아이를 자기중심적이고 욕심 많은 인간으로 만드는 지름길입니다. 이런 아이들을 위해 성경 이야기가 필요합니다.

성경 이야기는 거대한 구원의 서사(narrative)입니다. 그 큰 이야기는 자연스럽게 지금 우리 가족의 구원 이야기로 연결됩니다. 아빠의 성경 이야기는 하나님의 이야기를 우리의 이야기가 되게 합니다. 그리고 아이들은 성경 이야기 속에서 우리 이야기, 자기 이야기를 만듭니다. 성경 이야기는 아이의 영혼을 구원하고, 우리 아이도 성경 속의 인물이 되게 합니다. 예수님처럼 지혜롭고 다니엘처럼 용감한 아이로 자라게 합니다.

성경 이야기는 교회를 집으로 가져옵니다. 집에서 성경 이야기를 하지 않으면 아이들은 성경 말씀을 교회에서나 듣는 것이라 생각하기 쉽습니다. 그러나 아빠의 성경 이야기는 우리 집을 교회 되게 합니다. 그러면 말씀도, 기도도, 하나님도 우리 집에 계신 분이 됩니다. 이렇게 놀라운 교육을 아빠들이 언제까지 미루어야 할까요?

성경 이야기는 아이와 아빠의 공감적 관계를 전제로 합니다. 사랑하지 않으면 성경 이야기도 싫습니다. 아빠가 하자는 것 모두가 귀찮습니다. 그러나 아이를 공감하려고 노력하면 기회는 찾아옵니다. 예를 들어 아이가 거짓말 했을 때를 생각해 보십시오. 아빠는 화가 날 것입니다. 그러나 곰곰이 생각해 보면 아이가 악한 의도가 있어서라기보다는 아직 경험이 적어서 거짓말을 할 수도 있습니다. 상황을 벗어나는 대안을 아직 생각하기 어려울 수도 있기 때문에 자기도 모르게 거짓말을 합니다. 아빠를 속이려는 목적보다는 그 문제를 스스로 어떻게 해결할지 몰라서, 선택의 여지가 적은 탓이라 그렇습니다. 그럴 때 꾸중을 참고 한번 공감하는 노력을 해 보십시오.

아빠: "네가 게임을 많이 하고 싶어서 그랬구나."
아이: "(뾰로통하며) 네, 아빠!"
아빠: "그래, 재미있는 게임인가 보네. 그렇지만 시간 지났으니까 5분만 더하고, 게임 마치면 꼭 양치질할 거지?"
아이: "(안심하며) 네, 아빠!"

그러나 아이가 반복해서 거짓말하면 경고 받아야 합니다. 고치지 않을 때는 합리적이고 일관성 있게 징계해야 합니다. 이때 무엇보다 중요한 것은 벌을 받는 이유를 아이에게 설명해 주는 것입니다. 꼭 필요할 때 징계하는 것이 공감하는 부모입니다.

공감하는 부모는 아이를 공감합니다. 아이다운 마음을 먼저 인정해 줍니다. 그래야 아빠가 성경 이야기할 때 아이들이 기꺼이 들어 주기 때문입니다. "너 양치질 안 했잖아! 칫솔이 말라 있는데 언제 한 거야? 아침에 한 것 이야기하는 거야? 당장 게임 그만하고 씻고 자!" 이런 투의 말은 아빠 전체에 대한 거부감을 일으킵니다. 아빠가 공감하지 않으면 성경 이야기도, 아이들의 건강한 신앙생활도 자리 잡기 어렵습니다. 공감이란 아이의 감정을 인정하고, 꾸중하려는 마음을 누그러뜨립니다. 아이들이 힘들고, 지치고, 화나는 상황을 이해하는 것입니다. 공감을 받는 아이들은 아빠의 영적 주도권에 순종합니다. 그럴 때 아이들이 경험하게 될 영적 은혜는 실로 상상을 초월합니다.

공감과 성경 이야기가 합쳐지면 이젠 기도를 가르칠 수 있습니다. 성경의 위인들처럼 어려울 때 기도하고, 즐거울 때 찬송하는 삶을 살자고 아이에게 이야기할 수 있습니다. 아플 때 자기 목소리로 기도하고, 슬플 때, 어려울 때도 기도하자고 말할 수 있습니다. 부모의 부재 상황을 상상하며 자기가 겪을 어려운 순간, 당황스러운 순간, 중요한 선택의 순간에 짧게라도 기도할 수 있도록 가르칠 필요가 있습니다.

"하나님, 지금 저를 도와주세요!" 이 한마디의 말도 엄연히 하나님께 올려드리는 기도입니다. 하나님께는 더 중요하고 덜 중요한 기도가 없습니다. 길에서 가엾은 사람들을 볼 때도 아이들은 기도해야 합니다. "예수님, 저 사람을 불쌍하게 생각해 주세요!" 마음의 짧은 기도이지만 이런 기도야 말로 하나님이 어떤 분이신지, 아이 자신이 누구인지 보여 주는 참 중요한 기도입니다. 정해진 시간에 기도할 때는 먼저 하나님께 감사하고, 자신의 죄를 고백하도록 가르치십시오.

무엇보다도 가장 중요한 것은 아빠가 기도하는 모습을 수시로 보여 주는 것입니다. 아빠가 수시로 하나님께 기도해야 합니다. 그리고 기도 응답을 이야기해 주어야 합니다. 그럴 때 그 아빠의 아이들은 하나님과 동행하는 영광스러운 인생을 살게 될 것입니다. "오늘 학교에서 시험 치기 전에 꼭 마음으로 먼저 기도해! 아빠도 같이 기도할게!"

아이들이 "기도해! 기도할게!" 이 말을 과연 얼마나

좋아할까요? 아이들에게는 눈앞의 시험과 마음을 사로잡고 있는 고민이 우선인 경우가 많습니다. 그러므로 아빠의 기도하라는 말이 귀에 들어오지 않을 수 있습니다. 그러나 아빠는 아이들에게 기도하자는 말을 잊지 않아야 합니다.

아이들에게는 기도가 필요합니다. 보이는 사람의 도움보다 보이지 않는 하나님의 초월적인 도움이 아이들에게 반드시 필요합니다. 아빠는 자기 능력의 한계를 절감하고 아이들이 기도 습관을 가지도록 가르쳐야 합니다. 그럴 때 아이는 시험이나 친구 관계에서의 어려움 같은 중요한 일들을 겪을 때 자기 힘으로 기도할 것입니다.

아빠의 변화

자녀들에게는 하나님의 말씀이 필요합니다. 자녀들은 언제나 말씀에 배고픕니다. 아빠의 성경 이야기는 자녀 영혼을 위한 초유입니다. 그러나 사랑하지 않으면 자녀들은 하나님의 말씀조차 싫어합니다.

2. 자식 이기는 아빠

자녀들이 소명의 순간들을 경험하며 하나님의 인도하심을 받는다고 해서 그들의 생각이나 판단이 언제나 옳은 것은 아닙니다. 부르심과 깨달음의 순간이 있다고 해도 아이들은 여전히 아이들입니다. 그들에게는 부모의 관심과 안내가 아직 더 필요합니다.

유대인들은 흔히 12-13세 때 성인식을 하여 자녀들을 영적으로 독립시킵니다. 성인식 때가 되면 전국에서 사람들이 예루살렘 서쪽 통곡의 벽으로 몰려듭니다. 그렇게 하는 이유는 한 가지, '이제부터 이 아이가 범하는 죄는 이 아이의 책임입니다'라는 뜻이라고 합니다. 그러나 상식적으로 13살 아이가 죄를 인식하고 책임지기에는 너무 어렵니다. 부모의 안내와 도움이 아직 절실합니다. 자녀들의 인격적, 영적 성장에 대한 책임은 자녀가 대학생이 되었다고 해도 여전히 부모가 져야 합니다.

욥은 열 명의 자녀들을 위해 생일이 지날 때마다 명수대로 번제를 드렸습니다. 욥이 번제를 드린 이유는 한 가지였습니다. "혹시 내 아들들이 죄를 범하여 마음으로 하나님을 욕되게 하였을까?"하는 염려 때문이었습니다(욥 1:5). 겉으로 드러나는 행동만이 아니라, 혹시 마음으로 하나님을 '저주'하지는 않았을까 염려했습니다. 아이들이 마음으로라도 하나님의 존재를 의심하지는 않았을까 하는 것을 포함합니다.

자녀들이 모여 생일잔치를 한 이튿날 이른 아침, 아버지 욥은 하나님께 제사하기에 가장 좋은 시간에 자녀들을 성결하게 하였습니다. 아이들과 함께 제사를 드림으로 성결과 거룩함에 대해 가르쳤습니다. 일상적인 삶에서 기도와 금식과 절제를 실천하였습니다.

아빠로서 나는 자녀들의 거룩함을 위해 무엇을 하고 있습니까? 우선 자녀들을 위해 규칙적으로 기도하고 있습니까? 만일 그렇다면 무엇을 위하여 기도하고 있습니까? 건강, 성적, 친구, 적응 등등 모두 다 기도해야 할 중요한 것들입니다. 그러나 더 중요한 것은 '거룩함'을 위한 기도입니다. 하나님을 믿고 거룩한 삶을 살도록 기도하는 것이 필요합니다.

뒤늦게 후회하는 아빠들도 있습니다.

"아들이 공부를 잘 해 줘서 자랑도 많이 하곤 했어요. 하지만 이제 와서 생각해 보니 다 부질없는 짓인 거예요. 아이를 위로하면서 신앙 교육을 잘 시켰어야 하는 건데 그저 야단치고 호통만 쳤으니 후회스러울 뿐입니다."

하나님께서는 우리 자녀들 각각에게 소명을 주십니다. 하나님의 소명은 부모의 기대와는 별개일 수 있습니다. 더 중요한 부르심은 거룩함으로의 부르심입니다.

사람들은 흔히 자식 이기는 부모 없다고들 합니다. 하지만 아빠가 이겨야 하는 부분도 있습니다. 그것은 거룩함입니다. 거룩함에 관한 한 아빠는 물러서서는 안 됩니다. 아이들이 귀찮아하거나 싫어할 수도 있습니다. 그래도 아빠는 물러서지 말고, 아이들이 거룩한 삶을 알고 그렇게 살도록 끝까지 말해 주어야 합니다.

자녀들이 하나님과 그의 아들 예수 그리스도를 믿는지 물어보십시오. 자녀들과 자주 대화하고, 예수님을 생각하며 학교도 가고 친구를 만나도록 부탁하십시오. 혼자 있을 때, 어려울 때, 간절히 기도하도록 간청도 하십시오. 예수님을 최우선 순위로 삼을 수 있도록 도와 주어야 합니다.

자녀들은 끊임없이 세상의 영향을 받습니다. 친구들을 통해 듣는 세상 이야기와 사고방식에 매력을 느낍니다. 좋은 대학, 좋은 직장, 능력 있는 배우자, 부자로서의 삶 등등 세상이 주는 환상에 사로잡히기 쉽습니다. 게임이 주는 위로와 흥미, 음란물이 주는 비밀스러움과 쾌락, 교회로부터 멀어질 때 느끼는 '자유'의 달콤함 등등, 우리 자녀들을 흔들어 놓는 것들은 많고 가까이 있습니다.

때로는 아빠들이 세상의 사고에 빠져 자녀가 공부 못하는 것은 하나님의 영광을 가리는 것이라고 단순히 생각합니다. 아닙니다. 믿음의 아빠라면 공부의 결과도 중요하지만 아이가 노력하는 과정을 더 크게 볼 수 있어야 합니다. 책임을 다하려는 아이의 모습, 문제를 해결하려는 노력을 볼 때 칭찬을 아끼지 않아야 합니다. 세상은 결과만 보고 사람을 평가합니다. 하지만 믿음의 사람들은 하나님을 닮아 그 중심과 과정을 봅니다.

다른 자녀들과 비교하지 마십시오. 그것은 악한 일이며 교만한 사탄에게 속는 일입니다. 대신 내 아이의 노력을 칭찬하십시오. 표정 관리 잘해서 아이가 최선을 다해서 얻은 결과를 기쁘게 받아 주세요. 아이들은 아빠 표정을 보고 금방 눈치 챕니다. 아이는 오늘 하루 성장의 과제를 해낸 것만으로도 큰 수고를 하였습니다. 아이의 하루를 있는 그대로 축하해 주고, 함께 하나님께 감사하십시오.

거룩함에 관한 한 아빠는 아이를 이겨야 합니다. 거룩함이 통하는 아빠는 사실 다른 모든 것에 대하여 자녀에게 져 줍니다.

"성적? 최선을 다했으면 됐어! 혹시 요령이 없었다면 다음엔 잘하면 되지!"

"그래, 네 말처럼 나보다 네가 더 힘든 것 알아. 정말 수고 많았어!"

"하지만 어려울 때 기도하는 습관은 절대 잊으면 안 되는 것 알지? 하루를 시작하기 전에 3분이라도 반드시 기도하고 시작하자!"

"단순히 부자가 되어 편하게 살겠다는 꿈은 접고, 그
대신 너의 직업과 지식으로 선교지 아이들과 가난한
사람들을 섬기는 사람이 되도록 아빠는 지금부터 기
도해."

거룩함은 세상과 구별되는 것입니다. 우선 아빠가 세
상 아빠들과 구별되십시오. 그러면 아이들은 아빠를 닮아
가려 할 것입니다. 세상을 이기며 거룩한 삶을 신실하게 살
아낼 것입니다. 이런 미래가 기대되지 않습니까?

 아빠의 변화

거룩함에 관한 한 아빠가 물러설 곳은 없습니다. 믿음의 아
빠들은 하나님 아버지를 닮아 중심과 과정을 봅니다. 세상
과 구별된 거룩한 아빠가 되어야 자녀들도 하나님을 볼 수
있습니다.

3. 기도하는 아빠

신경 과학의 연구자들에 따르면 남자들은 여자들보다 보이는 것에 많이 끌린다고 합니다. 남성들의 시선을 끄는 것은 주로 아름다운 이성, 멋진 차 등과 같은 외형적인 것들이라고 합니다. 그러므로 남성으로서 아빠들이 보이는 것으로부터 시선을 돌려 보이지 않는 것을 생각하는 것은 매우 힘든 일입니다.

그런 의미에서 기도는 아빠들에게 큰 도전입니다. 기도하려면 우선 눈을 감아야 하기 때문입니다. 보는 것을 멈추고 생각해야 하고, 보는 것을 멈추고 들어야 하기 때문입니다.

사탄은 기도하는 것을 가장 싫어하고 방해합니다. 기도하는 사람은 보이지 않는 하나님을 생각하고, 눈 뜨고는 들을 수 없는 하나님의 음성을 들으려 하기 때문입니다. 그래서 아빠들이 기도하려고 눈을 감자마자 사탄은 방해하려는 작전을 펼칩니다. 마음을 산만하게 하려고 많은 생각들이 떠오르게 합니다. 지금 당장 기도를 멈추어야 할 이유들을 생각나게 합니다. '지금은 피곤하니까 쉬었다가 나중에 할까?' 기도가 아닌 다른 일을 당장 해야 할 것 같은 마음을 일으킵니다. 평소에 생각하지도 않았던 사람에게 당장 연락해야 하겠다는 충동을 일으키기도 합니다. 거꾸로 말하면, 기도는 그만큼 능력 있는 것이고, 사탄은 아빠들의 기도를 너무나 싫어합니다. 사실 사탄은 기도하는 아빠들을 가장 무서워합니다.

그렇다면 아빠들은 무엇을 선택해야 할까요? 당연히 눈을 감고 무조건 기도를 시작하는 것입니다. 하나님 아버지의 이름을 부르며, 기도를 멈추게 하려는 마음의 충동과 모든 소리들을 무시해야 합니다. 믿음의 가장으로서 사랑하는 아내와 자녀들을 위해 부지런히 하나님께 기도해야 합니다. 아빠의 기도는 사탄을 이깁니다. 그리고 비주얼을 과시하는 세상을 이깁니다.

노아, 아브라함, 야곱은 모두 기도하는 아빠들이었습니다. 폭력과 소음이 가득한 시대에 노아는 하나님의 음성을 듣고 방주를 준비하였습니다. 그래서 자신과 자녀들과 모든 동물을 구원할 수 있었습니다. 아브라함 역시 기도하는 아빠였습니다. 기도를 통해 하나님과 대화하고 하나님의 음성을 들었습니다. 그는 소돔과 고모라를 구원해 달라고 기도하였습니다. 야곱 역시 가족과 자녀들의 생명을 지켜달라고 다리 관절이 골절될 정도로 씨름하며 기도하였습니다. 하나님은 그의 기도에 응답하셨습니다.

제가 상담해 온 내담자들 가운데는 폭력적인 아빠 때문에 어려움을 겪은 분들이 많습니다. 아빠의 거친 운전으로 불안을 겪기도 하고, 주먹이나 골프채로 맞기도 하고, 집에 불을 지르겠다는 상습적인 폭언에 정신착란을 겪는 자매도 있었습니다. 혼자 있을 때 무서운 공포심을 느끼는 자매도 있었습니다. 그런 아빠들은 하나님을 믿고 진지하게 기도하지 않았습니다. 그저 자신의 삶을 비관하거나, 자녀들에게 무섭게 분노하는 아빠들이었습니다.

인간은 보이는 것만으로 만족하고 살 수 없는 존재입니다. 아빠는 자녀들이 보이는 것보다 보이지 않는 가치에 더 관심을 두기를 바라고 기도하는 사람입니다. 만일 그런 시간이 정말 온다면 그것은 아마도 기도 덕분일 것입니다. 혼자 조용히 눈을 감고, 세상을 보는 것을 잠깐 멈추고, 예수님처럼 기도하는 아빠는 자녀들에게 무엇이 삶의 우선순위인지를 가르쳐 줍니다. 하나님의 뜻은 청각으로 분별합니다. 기도하는 아빠들의 시선은 보이는 것 너머에 초점을 두고 있습니다.

물론 사탄도 마지막 수를 가지고 있습니다. 열정적으로 기도하다가도 아내나 아이들을 보는 순간 분노하며 이성을 잃게 하는 방법입니다. 20세기 최고의 기독교 변증가 C. S. 루이스(C. S. Lewis)는 그의 저서 『스크루테이프의 편지』(The Screwtape Letters)에서 늙었지만 노련한 악마 스크루테이프에게 잘 길들여진 인간들을 소개합니다. 그것은 바로 "아내나 아들의 '영혼'을 위해서 열렬한 기도를 쏟아 놓다가도, 진짜 아내나 아들에게 기도하던 그 자리에서 곧바로 욕설과 폭력을 서슴지 않는" 아빠들입니다. 그중 교회에서는 그렇게 거룩한 표정을 지으면서, 집에만 가면 자기감정을 조절하지 못하는 아빠들도 있습니다.

기도하는 아빠는 사랑하는 아빠입니다. 사랑하는 아빠는 자녀들의 모델입니다. 대학생 아들에게 이런 문자를 받은 아빠도 있습니다.

"이 세상 어떤 아빠보다도 제일 따뜻하시고, 제일 가족을 사랑해 주시는 모습을 항상 보여 주셔서 감사합니다. 아빠는 항상 제 인생의 롤 모델이고, 아빠처럼 열심히 살면서 가정을 이끌어 갈 거라고 다짐을 하고 있어요. 너무너무 감사하고 사랑해요."

필자의 아버지는 기도하는 아버지셨습니다. 제가 고등학생 때 부산에 살면서 버스로 2시간 거리에 있는 교회를 다녔습니다. 아버지는 금요일 저녁마다 철야 기도를 가셨고, 저도 학교에서 야간 자습을 마치고 함께 참석할 때가 많았습니다. 아버지는 혼자 있을 때 언제나 찬송을 흥얼거리셨습니다. 저는 왜 저렇게 하실까 궁금했습니다. 흥미롭게도 40년이 지난 지금, 혼자 걸을 때나 운전을 할 때 찬송을 흥얼거리고 있는 나 자신을 발견할 때가 문득문득 있습니다.

자녀들은 기도하는 아빠를 닮습니다. 아빠처럼 살아가고 싶어 합니다. 기도는 우리 아이들을 보이는 것에 이끌려 살지 않고, 보이지 않는 하나님의 음성을 들으며 살게 합니다.

욥은 열 명의 아들과 딸들을 한꺼번에 잃고 그 아이들을 몹시 그리워하였습니다. "그 때에는 ⋯ 나의 젊은이들이 나를 둘러 있었으며"(욥 29:5). 그는 아이들을 참 사랑하는 아버지였습니다. 그런 아버지 욥이 지금까지 살아온 자신의 삶을 되돌아보면서, "내 마음이 내 눈을 따"르지 않았다(욥 31:7)고 고백합니다.

이제는 눈을 감고 기도하는 경건한 아빠들이 필요합니다. 세상의 보이는 것에 이끌리는 눈을 감고, 요란한 전광판 불빛들과 스마트폰의 시각 소음을 차단하고, 보이지 않는 영원한 하나님을 보기 위해 눈을 감아야 합니다. 그래야 아이들이 보이고, 아이들에게 경건한 미래가 열립니다. 기도하는 아빠들은 세상이 보여 줄 수 없는 것들을 보는 좋은 믿음의 모델입니다.

> 아빠는 보이는 것보다 보이지 않는 것에 더 가치를 두는 사
> 람이어야 합니다. 자녀는 그런 아빠를 닮아 갑니다. 보이지
> 않는 하나님의 음성을 듣는 아빠는 자녀도 자기처럼 살아
> 가기를 기도할 것입니다.

4. 아빠, 영혼의 공급자

　미국의 제이크스 주교(Bishop T. D. Jakes)는 가정에서 아빠
의 역할을 5개 P로 설명합니다. 그것은 보호자(Protector), 공
급자(Provider), 촉진자(Promoter), 제사장(Priest), 그리고 선지자
(Prophet)입니다. 아빠는 가족들을 보호하고, 필요를 공급하
며, 가정에 대한 하나님의 뜻을 촉진하며, 특히 자녀들을
위해 기도하는 제사장, 자녀들의 미래를 예견 혹은 경고하
는 선지자의 사명이 있음을 강조합니다. 5개 P는 우리 아
빠들이 꼭 기억해야 할 중요한 별명입니다.

　아빠가 자녀들에게 공급하는 것은 돈과 음식만이 아

닙니다. 그것만을 전부라고 생각하는 아빠는 물질주의자입니다. 아빠가 주는 돈이나 음식만 받는 아이들은 경계선이나 한계를 모르고, 자기 욕구를 절제할 줄 모르는 아이들입니다. 그대로 내버려 두면 아이들은 불행한 물질주의자가 됩니다. 물질주의자들은 돈을 많이 벌어야만 성공한 것이고, 그래야만 행복하다고 믿습니다. 그들은 결국 평생 불행하게 살거나 남을 불행하게 할 가능성이 큽니다. 어려울 때라도 기다리거나 참을 수 있는 고결한 성품은 아빠의 성숙한 신앙과 인격에서 옵니다.

영적인 양식과 영적 자산은 아빠가 자녀들에게 반드시 공급해야 하는 것입니다. 그리고 그것은 언제나 정서적 공감의 짧은 메시지들로부터 시작됩니다. 힘들게 공부하는 아들에게 아빠가 격려의 카톡을 보냅니다. 시험 점수에 실망한 딸을 아빠가 위로하기도 합니다.

"공부하느라 피곤하지? 이번 학기 첫 시험 치느라 고생했어. 잘 쉬어!"

"정말 애썼다. 그리고 아쉽지만 힘들었던 지난 시험은

이미 과거야. 보내고 잊자. 하지만 교훈은 잊지 말자."

불행하게도 게임이나 도박, 술 중독에 빠져 자포자기하는 아빠들도 있습니다. 이유가 무엇이든 아빠에게는 공급자로서의 책임이 있습니다. 자녀들을 위해서라도 아빠들은 빨리 자기 자리로 돌아가야 합니다. 필요하다면 상담 전문가들의 도움도 받으면서 자기 자리를 찾아야 합니다. 음식과 다른 필요들의 공급자로서의 책임을 결코 회피해서는 안 됩니다. 육체적, 정서적 공급자가 영적 공급자가 될 수 있습니다.

영적 공급자인 아빠는 정서적 공급자이기도 합니다. 자녀의 마음을 살피는 정서적 아빠는 자녀의 질문과 요청에 적절하게 응답합니다. 그것은 자녀들과의 대화에서 나타납니다. 아브라함이 100살의 늦은 나이에 아들 이삭의 아빠가 되었습니다.

이삭: "아빠!"

아브라함: "응?"

이삭: "불과 나무는 있는데 번제로 드릴 어린 양은 어디 있어요?"

아브라함: "응, 아들아. 그건 하나님께서 직접 주신다고 하셨어!"(창 22:7-8의 의역).

백 세가 넘은 아빠 아브라함은 모리아 산에 도달하는 사흘간의 먼 여정을 떠났습니다. 그 때문에 지쳤을 텐데, 그럼에도 불구하고 이제 갓 열 살을 넘었을 것 같은 아들 이삭에게 진지하게 대답해 주었습니다. 어린 아들에게 아빠는 친절한 응답자였습니다. 그런 아빠를 통해 그 자손과 세상 사람들이 하나님의 복을 받게 되었습니다.

아빠는 제사장들처럼 기도와 축복의 공급자입니다. 성경의 아빠들은 기도하는 아빠들이었습니다. 이삭과 야곱은 자녀들의 미래를 위해 하나님의 복을 빌었던 기도의 사람들이었습니다. 아빠들에게 자녀들을 위한 기도 시간은 늘 턱없이 부족한 것 같습니다. 이제 아빠들은 기도 자리에 나아가 복의 근원이신 하늘 아버지께 기도하는 아빠가 되어야 하겠습니다. 아빠들의 카톡 축복은 기도에서 나옵니다. "사랑하고 축복한다. 우리 딸 화이팅!"

카톡 축복, 식탁 축복이 중요합니다. 그러나 이것은 일부분일 뿐입니다. 어린 자녀들과 즐겁게, 기쁘게, 달콤하게 지내는 것과 비교할 수 없이 중요한 것은 진지한 축복입니다. 이제 겨우 말을 시작하는 아이라 하더라도 아빠들은 담대하게 아이를 위해 축복하고 기도해 주어야 합니다.

손양원 목사님의 따님인 손동희 권사님의 글에서 이런 이야기를 읽은 적이 있습니다. 아버지가 목회자이셨기에 워낙 바쁘셨고, 게다가 신사참배 거부로 감옥에 자주 가셨기 때문에 얼굴을 뵙기가 힘들었다고 합니다. 한번은 마당 평상에서 잠이 들었는데, 지나가시던 아버지가 어린 딸의 머리에 손을 얹고 기도해 주셨다고 합니다. 그 어린 딸이 이제 여든이 되었는데도 아버지의 그 따뜻한 손과 축복의 언어들이 기억 속에 남아 있습니다.

축복의 공급자인 아빠는 선지자이기도 합니다. 아빠는 아이들보다 먼저 인생을 살아온 인생의 선배이지만, 자신의 경험과 지혜 이상으로 하나님이 주신 영적 안목으로 자녀들의 미래를 예언하며 안내할 책임이 있습니다. 구약

시대 엘리 제사장은 하나님께 심각한 책망을 들었습니다. 그것은 자기 가문의 문을 닫을 수밖에 없는 심각한 책망이었습니다. "어찌하여 … 네 아들들을 나보다 더 중히 여겨 내 백성 이스라엘이 드리는 가장 좋은 것으로 너희들을 살지게 하느냐"(삼상 2:29). 엘리의 아들 홉니와 비느하스는 제사장의 아들로서 해서는 안 되는 심각한 비행을 저질렀습니다. 하나님은 그것에 대한 책임을 그 아버지에게 물으셨습니다. 그때 엘리의 나이가 98세임에도 불구하고 말입니다.

아빠에게는 선지자의 책임이 있습니다. 자녀들이 신앙과 윤리를 벗어날 때 그에 대해 경고하고, 그들이 하나님께서 주시는 복의 길을 선택하도록 영적 분별력을 가져야 합니다. 나이가 90세가 되어도 아빠들은 여전히 선지자입니다. 이 말은 아빠에게 자녀들이 끝까지 하나님을 두려워하고, 의로운 선택을 하며 살아가도록 기도하며 돌보아야 하는 중대한 영적 의무가 마지막까지 있다는 말입니다.

그렇다고 일부러 무서운 아빠가 되려 하지는 마십시오. 자녀가 잘못을 저질렀을 때는 단호한 모습을 보여 주어야 합니다. 그러나 평소에 다가가기 힘든 아빠, 말하면 혼나기만 하는 아빠는 먹을 것이나 근근이 공급하는 아빠일 뿐입니다. 아빠가 습관적으로 분노할 때 자녀들은 정서적 학대를 당합니다. 혹시 잘못된 말이나 행동으로 아빠를 화나게 하지 않을까 무서워합니다. 그것이 반복되면 자라면서 집중력과 성적이 떨어지고, 친구를 사귀지 못하며, 지나친 두려움과 혼란으로 자살 충동을 느낄 수도 있습니다. 자존감이 낮아진 아이들은 자기의 안전을 무시하고 무모한 행동을 하거나, 분노로 학교나 다른 환경에서 심각한 방해를 유발하기도 합니다. 참 무서운 일이 아닐 수 없습니다.

그러므로 아빠들은 아이에게 퍼붓는 거친 말, 큰 소리를 멈추어야 합니다. 까다롭고 차가운 마음을 따뜻하게 바꾸고, 짜증과 분노는 잊어야 합니다. 언어만 잘 다듬어도 좋은 아빠가 될 수 있습니다. 자녀를 노엽게 하지 말고, 따뜻한 영혼의 공급자 아빠가 되어야 하겠습니다.

영혼의 양식과 영적 자산은 아빠가 물려주어야 할 핵심 유산입니다. 최고의 아빠는 기도의 자리에 나아가 축복의 근원이신 하나님 아버지를 부르는 아빠입니다. 짜증과 분노를 버리고 따뜻한 영혼의 공급자가 되세요.

5. 뻔한 아빠 vs. 유익한 아빠

어느 해 어버이날에, 미국에서 사역하는 목사님이 재미있는 영상 하나를 보내며 의견을 구했습니다. 암탉과 수탉이 함께 모이를 먹는 20초 분량의 짧은 영상에는 "왜 아버지 날(6월)보다 어머니 날(5월)이 더 인기가 좋은지 아는가?"라는 질문이 적혀 있었습니다. 과연 수탉은 쉬지 않고 혼자 모이를 쪼아 먹고 있었지만, 암탉은 모이를 먹으면서도 주위에 있는 병아리들에게 모이를 나누어 주고 있었습니다. 목사님이 그 영상을 교인들에게 공유했더니 교인들은 그 수탉이 의붓아빠 아니냐고 '항의(?)'를 했다고 합니다.

연구자들에 따르면 닭들은 여러 마리가 함께 집단생활을 하는 나름 '똑똑한' 조류입니다. 닭들은 더하기, 빼기와 같은 간단한 산수를 할 수도 있고, 24가지의 다른 소리를 통해 서로 소통하기도 합니다. 서로에게서 배우기도 하고 심지어 속이기도 하는 능력이 있으며, '감정 전염'이라 부르는 단순한 형태의 공감 능력을 서로에게 발휘하기도 합니다. 특히 암탉들은 병아리의 성장에 영향을 주는 모성애를 다양하게 발휘하는데, 솔개가 나타났을 때 구구거리며 병아리들을 날개 아래 모으거나, 이 영상에서처럼 병아리들에게 먹이를 나누어 주기도 합니다.

그러나 저는 그 목사님에게 그 수탉이 진짜 아빠인 이유를 한 가지 제시했습니다. 즉 진짜 아빠이기 때문에 어미 닭과 병아리들을 쫓아버리지 않았다는 것입니다. 그래서 병아리들은 아빠와 엄마가 같이 모이를 먹고 있는 것만 보아도 행복하고, 안정감을 느끼고, 배부를 것이라고 답해 주었습니다.

물론 수탉들이 진짜 그렇게 하는지는 제가 동물 행동학자가 아니기에 확인할 수는 없습니다. 그러나 닭들은 먹이를 쪼는 서열이 분명해서(pecking order) 경쟁자나 낯선 닭과 모이를 함께 먹는 법이 없습니다. 더구나 서열이 낮은 닭이 이 서열을 무시하고 함께 먹이를 먹으려 한다면 털이 뽑힐 정도로 심하게 쪼이고 구석으로 쫓겨날 수도 있습니다. 그렇다면 수탉과 암탉이, 병아리들을 주변에 두고 함께 모이를 먹는 것은 어쩌면 매우 안정된 양육 구조라 할 수 있습니다.

때로 자녀의 눈에 아빠란 늘 배고프고 식욕 왕성한 이기주의자처럼 자기 먹을 것만 챙기고, 엄마는 자녀들을 양육하느라 끙끙대는 시녀처럼 보일 수도 있을 것입니다. 그러나 한 가정에서 엄마가 자녀들에게 먹을 것을 주고, 아빠가 엄마와 함께 식사할 수 있다는 사실 자체가 자녀들에게는 안정되고 행복한 경험임이 분명합니다. 역할은 형편에 따라 바뀔 수 있습니다. 때로 아빠가 요리하여 아이들을 먹일 수도 있습니다. 그러나 중요한 사실은 엄마와 아빠가 같은 자리에서, 함께 음식을 먹는 자체만으로도 아이들에게 큰 안정감을 줄 수 있다는 것입니다.

다만 아빠들이 심기일전하는 태도의 변화는 필요합니

다. 미국 메릴랜드대학교가 일곱 살에서 열 살 아이들 121명을 대상으로 한 연구에 따르면, 아이들은 엄마가 가정주부이든 직장인이든 상관없이 엄마를 좋아하지만, 아빠가 직장에 가지 않고 자신들을 돌보는 것에 대해서는 남녀 상관없이 적극적으로 반대했습니다. 아이들이 생각하는 아빠들이란 "집안일은 제대로 하지 않고 텔레비전 앞에 앉아서 간식만 먹는" '뻔한' 행동을 하기 때문입니다.

그러나 만일 아빠가 아이의 놀이나 운동, 공부나 다른 활동에 함께 '참여'해 준다면, 아이들은 거기에서 많은 유익을 얻는 것으로 확인되었습니다. 물론 아빠가 적극적으로 청소나 아이 교육에 동참해 준다면 엄마들 역시 양육에 대한 부담이 적어지고 훨씬 많은 융통성을 가질 수 있어서 부부의 관계 역시 긍정적으로 변할 것입니다.

이 연구에서 10살의 어느 꼬마는 씩씩하게 대답하였습니다.

"어쨌든 아빠가 집에 계시면 아이들은 훨씬 더 행복할 거예요."

시간이 허락되는 대로 집에서 아빠가 아이들과 '함께' 있는 것이 중요합니다. 그리고 아빠가 가족 모두에게 기쁨과 유익이 되기 위해서는 이기적으로 자신의 휴식과 즐거움만 생각하는 '전형적인 아빠상'을 탈피해야만 합니다. 아이들은 아빠·엄마가 함께 있는 것을 보고 싶어 하고, 또 어떤 일이든 큰 마찰 없이 잘 해결해 가기를 바랍니다.

아프리카 늪에는 '자카나'라는 새가 살고 있습니다. 자카나는 종이처럼 얇은 수련 잎을 딛고 물 위를 걷는 새입니다. 아빠 자카나는 알을 품고 알들이 깨어나기를 기다립니다. 그리고 새끼가 알에서 깨어나면 아빠는 우선 알껍데기를 먼 곳에 갖다 버립니다. 껍데기를 깨어 물에 흘려보냅니다. 그 이유는 천적들에게 자기 새끼가 있다는 사실을 들키지 않기 위해서라고 합니다. 아빠가 외출하거나 먹이를 구하러 갈 때는 긴 다리 위에 있는 날개 품에 새끼들을 안고 다닙니다.

자연 세계에서 일부 동물 아빠들은 엄마 이상의 역할을 합니다. 비록 본능적인 행동이기는 하지만 알을 품어 새끼를 부화하거나 성장 과정에 참여하여 새끼들을 보호하고 먹이를 주기도 합니다. 하나님은 이런 아빠 동물들의 탁월한 능력으로 다음세대를 이어가게 하셨습니다. 동물들도 그렇다면, 하물며 하나님께서 우리 인간 아빠들에게는 얼마나 더 많은 가능성과 능력을 주셨겠습니까? 그렇다면 자기만 생각하고 누구나 될법한 '뻔한 아빠'가 되지 말고 모두에게 창의적이고 유익한 아빠가 되기 위해 이제는 편안한 소파에서 일어나야 하겠습니다.

 아빠의 변화

뻔한 아빠가 되지 말고 유익한 아빠가 되어야 합니다. 기회가 되는대로 자녀들과 함께 있어 주세요. 아빠를 통해 하나님을 경외하는 위대한 다음 세대가 탄생할 것입니다.

C. S. 루이스(C. S. Lewis)는 인간이 범하는 죄 중 가장 심각한 죄를 교만으로 꼽습니다. 우리 인간들은 남에게 있는 교만은 끔찍하게도 싫어하면서 정작 자기 안에 있는 교만은 전혀 눈치 채지 못한다고 말하였습니다. 그렇다면 아빠들과 자녀들을 가장 쉽게 망가뜨리는 죄 역시 교만이라고 말할 수 있을 것입니다.

루이스에 따르면 교만은 본질적으로 경쟁적입니다. 사람들은 "내가 잘 생겼고, 내가 실력이 있고, 내가 많은 소유를 가졌다."며 교만하지 않습니다. 오히려 "내가 남들보다 더 잘 생겼고, 남들보다 더 실력 있고, 남들보다 더 많은 소유를 가졌다."고 비교하며 교만합니다. 그렇다면 교만의 씨앗은 어릴 때부터 아이들 속에 웅크리고 있습니다. 아이들도 어릴 때부터 공부, 자동차, 아파트, 외모를 두고 다른 아이들과 비교하기 때문입니다.

하나님께서는 교만을 가장 싫어하십니다. 사탄도 교만하여 파멸하였고, 모든 권력자도 교만으로 망했습니다. 제

2차 세계 대전을 일으킨 히틀러나 군국주의 일제 역시 처음에 강력했던 자신들의 군사력에 교만하였다가, 말기에는 이곳저곳에서 동시에 무너져 내린 것을 볼 수 있습니다. 지금도 하나님은 교만한 인류를 판단하고 계십니다. AI를 통해 4차 산업혁명이 올 것처럼, 부의 무한 축적을 통해 마치 세상이 자기 것인 양 떠벌리는 모든 나라, 모든 사람에게, 하나님은 전염병이라는 징계를 통해 교만한 마음을 버릴 것을 경고하고 계십니다.

그렇다면 예수님을 믿는 아빠들은 자신에게 있는 교만을 먼저 살피고, 자녀들이 교만하지 않도록 진지하게 가르쳐야 합니다. 왜냐하면 하나님은 낮은 자들을 굽어 살피시지만 교만한 자는 멀리서부터 알아보시기 때문입니다. "여호와께서는 높이 계셔도 낮은 자를 굽어살피시며 멀리서도 교만한 자를 아심이니이다"(시 138:6). 이것은 참 두려운 일입니다.

미국 흑곰은 후각이 뛰어나서 3㎞ 밖에 있는 죽은 사슴의 냄새를 맡을 수 있습니다. 심지어 북극곰은 60㎞ 밖에 있는 물개를 사냥하러 갑니다. 개들도 냄새를 잘 맡지만 인간 후각 기관의 100배가 넘는 크기의 감각 기관을 가진 곰의 후각을 따라갈 수는 없다고 합니다. 그렇다면 교만한 인간을 알아보시는 하나님의 후각은 어떨까요? 무엇을 감지하실까요? 하나님은 멀리서부터 교만한 자를 알아보신다고 하였습니다.

인간의 교만한 마음 역시 본질적으로 하나님을 싫어합니다. 교만한 마음은 철저하게 자기중심적이거나, 아니면 자신이 매달리고 있는 그 어떤 것입니다. 쉽게 말하면 우상이지요. 모든 종류의 우상은 마귀에게서 왔습니다. 루이스는 그의 저서 『실낙원 서문』(A Preface to Paradise Lost)에서 이렇게 말합니다.

"사탄은 계속 사탄으로 머물기를 원합니다. 이것은 '하늘에서 섬기기보다 지옥에서 다스리는 것이 낫다'는 그가 내린 선택의 진정한 의미입니다."

사탄은 결코 회개하지 않을 뿐만 아니라, 더 많은 사람을 자신을 닮은 지옥의 자녀로 삼기 위해 끊임없이 애쓰고 있습니다. 그 수단이 바로 교만한 마음을 불러일으키는 것입니다. 이런 마귀를 대적하고 교만한 마음을 다스리기 위해 아빠들과 아이들은 무엇을 해야 할까요?

첫째, 아빠는 우선 자신의 교만을 깨달아야 합니다. 교만은 한순간 지나가는 생각이기도 해서 좀처럼 알아차리기 어렵습니다. 자신의 교만을 알아차리기란 정말 낙타가 바늘귀로 들어가는 것만큼 어렵습니다. 그러나 교만은 마음과 행동, 태도와 표정에 진한 영향을 남깁니다. 자기도 모르는 사이에 목을 꼿꼿하게 하고 다른 사람을 내려다보려 합니다. 자신의 교만을 제때 알아채지 못하면 재물을 쌓았으나 사용하지 못하게 된 어리석은 부자나(눅 12:13-21), 왕위에서 쫓겨나 짐승처럼 들에서 살았던 느부갓네살 왕의 짝이 될 수 있습니다(단 4:32-33).

둘째, 아빠는 아이의 교만을 알아차려야 합니다. 좋은 성적을 얻었을 때, 좋은 학교에 입학했을 때, 그리고 좋은 직장이나 지위에 올랐을 때, 아빠들은 아이의 교만을 경계해야 합니다. 으쓱대는 어깨, 당당한 표정, 고양된 말에서 흘러나오는 아이의 자기 자랑이나 교만한 마음을 아빠는 인지하고 경계해야 합니다. 자신의 소유와 성취를 뿌듯해 하거나 자랑하려는 마음도 교만입니다.

셋째, 아이들과 함께 오늘 하루에 지은 죄를 회개하십시오. 회개는 교만한 마음을 누르고 하나님의 은혜를 바라보게 합니다. 마귀는 결코 회개하는 법이 없습니다. 그래서 루이스는 악마들이 회개라는, 지옥에서 나가는 단 하나의 문을 본인의 손으로 안에서 단단히 잠가 놓았다고 말합니다. 하지만 우리와 우리 자녀들은 아직 회개할 기회가 있습니다. 그 끔찍한 지옥의 재앙을 일으킬 악한 교만으로부터 빠져나올 길이 아빠와 아이들에게는 열려 있습니다. 자신의 교만을 진심으로 회개해야 합니다.

넷째, 비교를 멈추어야 합니다. 교만은 본질적으로 경쟁적이며 남과 비교합니다. 자녀를 나의 형제나 남의 집 아이들과 비교하는 말을 멈추어야 합니다. 비교는 잘하면 교만하게 하고 못하면 비참하게 합니다. 열등한 비교에서 오는 마음은 참담하지만 이것 역시 교만의 다른 얼굴일 뿐입니다.

다섯째, 머리 좋다고 칭찬하지 말고 아이의 노력을 칭

찬해야 합니다. 교만을 경계한다고 해서 칭찬하지 말라는 뜻은 아닙니다. 아이의 기를 죽이려 하거나 자존감을 꺾으라는 말도 아닙니다. 오히려 거꾸로 아이들은 옳은 일에 당당하고, 바른 선택에 자신감을 가져야 합니다. 그렇게 하기 위해서는 아빠가 바르게 칭찬해 주어야 합니다. 아이가 기도할 때, 예배에 출석할 때, 다른 아이들을 배려할 때, 갈등 속에서 성경적인 선택을 하려고 노력할 때, 아빠는 이 순간을 놓치지 말고 반드시 칭찬해 주어야 합니다. 아빠의 칭찬은 아이의 가치관을 형성하는 힘이 있습니다.

하나님은 교만한 자를 대적하십니다. 우리가 하나님께 덤벼서야 되겠습니까? 사랑하는 자녀들이 그렇게 해서야 되겠습니까? 물론 어린 자녀들이 자신의 교만을 깨닫고 회개하여 겸손하게 되는 것은 어렵고 힘든 길입니다. 그러나 불가능한 것도 아닙니다. 끊임없이 얼굴을 바꾸며 나타나는 교만에 대해 자녀들과 함께 이야기하고 또 기도하면서, "자랑하지 아니하며 교만하지 아니"하는(고전 13:4) 참사랑의 좋은 아빠가 되어야 하겠습니다.

아빠의 변화

하나님께서 가장 싫어하시는 것은 교만입니다. 경건한 아
빠는 자기 속에 있는 교만과 자녀들 속에 있는 교만을 경계
해야 합니다. 자녀들과 함께 오늘 하루의 교만을 회개하고,
비교 대신 성실한 노력을 격려해 주어야 합니다.

VII. 아빠 수업을 마치며:

　　하늘에 계신 아빠(Abba) 아버지처럼

　　중1, 중3 두 딸을 키우는 한 후배가 카톡을 보내왔습니다. 아빠와 딸에 관한 《복있는 사람》 칼럼을 읽고 많은 생각을 하게 되었다는 것이었습니다. "끝까지 아이들을 기다리는 아빠가 되도록 힘쓰겠습니다."라는 다짐도 하였습니다. 그리고 식당에서 찍은 두 따님의 사진을 보내 주었는데 두 사람의 시선과 표정이 각각 달랐습니다. 노력하는 아빠의 고민과 어려움을 짐작할 수 있었습니다.

　　하지만 같은 사진에서 두 딸의 고민도 눈에 들어왔습니다. 앞에는 해산물 전골이 끓고 있고, 뒤로는 나이든 아저씨들이 빽빽이 앉아 식사 중이었습니다. 순간 분위기를 실감하였습니다. "아이쿠, 이건 쉽지 않은 상황이구나!" 이 사진을 보며 저에게 든 질문이 하나 있었습니다. "메뉴는 누가 정한 것일까?" 젊은 학생들이 붐비는 극장가나 쇼핑몰이 아니고 머리가 흰 아저씨들이 좋아하는 식당에서, 학생이라고는 자기들밖에 없는 곳에서, 과연 딸들의 표정이 펴질 수 있었을까? 물론 어린 딸들이 좋아하는 메뉴일 수도 있기에 단정할 수는 없습니다. 그러나 과연 메뉴와 식당을 딸들에게 물어보았다면 과연 이 식당에 왔을까 궁금하였습니다.

이 아빠처럼 이 땅의 아빠들은 모두가 고민 중이라 생각합니다. "어떻게 하면 좋은 아빠가 될 수 있을까?" 좋은 아빠가 되는 길은 멀고도 험합니다. 그러나 어쩌면 그 답은 단순할 수도 있습니다. "자녀에게 물어보세요!" 아이들은 다 알고 있습니다. 한 아이에게 좋은 아빠가 다른 아빠에게도 좋은 아빠는 아닐 수 있습니다. 아이마다 다른 소원이 있고 또 다른 바람이 있기 때문입니다. 그러나 아이는 좋은 아빠가 어떤 사람인지 알고 있습니다. 자녀에게 물어

보세요. 내 아이의 목소리를 직접 듣고 응답하는 아빠가 좋은 아빠입니다.

『아빠들은 할 수 없는 것』(What Dads Can't Do)이란 책에서는 보통 사람들은 잘도 하지만 아빠는 못하는 것들, 즉 아빠의 '무능력'에 대해 이야기하고 있습니다. 길을 건널 때 아이의 손을 잡지 않고는 건널 수 없는 아빠, 숨바꼭질할 때 끝까지 숨어있지 못하고 들켜 주는 아빠, 밀어줄 수는 있지만 휘두를 수 없는 아빠, 혼자서 요리나 아이 목욕시킬 때 말끔하게 뒷정리 못 하는 아빠 등등 아빠가 할 수 없는 것이 참 많다는 것을 이 책은 이야기합니다.

어쩌면 무엇이든 할 수 있는 아빠가 아니라 차라리 아이를 위해 할 수 없는 아빠가 되는 것도 좋은 아빠가 되는 길일 것 같습니다. 아까워서 때리지도 못하고, 아이에게 상처 줄까봐 고함도 지르지 못하는 아빠, 호통 치거나 위협하지도 못하는 아빠, 몸이 아픈 아이 걱정에 어쩔 줄 모르는 아빠, 좋은 것이라도 강요하지 못해서 그저 기다리는 아빠, 아이들의 웃는 모습을 한 번 더 보기 위해서라면 아무 동작도 하지 않고 문 뒤에 서서 숨죽이고 기다리는 아빠. 이렇게 아빠들은 할 수 없는 것이 많은 것 같습니다.

아빠가 할 수 없는 것들이 그 외에도 참 많습니다. 아이 대신 아파줄 수 없고, 학교에 대신 출석할 수 없고, 친구를 대신 사귈 수도 없고, 아이의 인생을 대신 살아줄 수도 없습니다. 아이들의 미래를 끝까지 동행해 줄 수도 없습니다.

그래서 복음은 아빠들의 항복을 요구합니다. 아빠로서 자신이 가졌다고 생각하는 지식, 경험, 재산 같은 모든 무기를 내려놓고, 자신은 사실 아빠로서 무기력하며 아이를 위해 '아무것도' 할 수 없는 아빠라는 항복 선언문에 사인하는 것입니다. 그리고 하늘에 계신 하나님 아버지께 아이의 모든 것을 맡기는 것입니다.

세상 아빠들의 관점에서 보면 이것은 가장 무책임한 일이지만, 사실은 가장 지혜로운 방법입니다. 솔직히 말하자면 아빠들은 이미 파산 상태입니다. 자기 능력으로 아이를 끝까지 책임질 수 없습니다. 아이들이 고민할 때 아빠들은 솔직히 무능력합니다. 지혜에서, 능력에서, 시간과 공간에서, 아빠들의 능력은 너무나도 제한되어 있습니다. 그래서 아빠들에게는 하늘 아버지가 필요하고, 그 하나님의 아들이 되기 위해 예수님이 필요합니다.

예수님을 믿고 따르는 길은 선택의 길이며 포기의 길입니다. 명설교가 스펄전(C. H. Spurgeon) 목사님에 따르면 복음을 선택하는 것은 다른 것들을 떠나는 것입니다. 자신이 의지하고 있던 세상의 지혜와 수단들을 떠나야 합니다. 예수님을 선택했다면 아이들과 함께 세상의 길을 떠나 살아야 합니다. 아빠는 자기중심적인 생각이나 기대를 떠나야 합니다.

아빠의 경험과 지식과 자존심이 통하지 않는 영역, 아빠의 돌봄과 기대의 지평 너머에 있는 자녀에 대하여 아빠는 하늘 아버지의 도움을 요청해야 합니다. 아이가 자라는 동안은 하루하루가 씨름입니다. 어떤 때는 버럭 분노가 올라오고, 기대에 따라오지 못하는 아이에게 실망합니다. 어떤 때는 꽃길이 펼쳐진 것처럼 황홀하기도 합니다. 그러나 저절로 다 잘될 거라고 안심하거나, 이제는 다 틀렸다고 좌절하는 대신, 하늘에 계신 아버지 하나님께 담대하게 도움을 요청하고 맡겨야 합니다.

C. S. 루이스(C. S. Lewis)는 자신의 저서 『스크루테이프의 편지』에서, 사탄을 가리켜 "지하에 계신 우리 아버지"라 부르는 악마 스크루테이프의 이야기를 소개합니다. 사탄은 모든 악마의 '아버지'로서, 더 많은 인간을 유혹하여 지하 무저갱으로 끌고 가는 것을 가장 기뻐하는 존재입니다. 악마들의 아버지 사탄은 무자비하며, 처음부터 살인자이고, 거짓말의 원조이며, 인간의 불행과 비극을 적극적으로 초래하는 악의 근원입니다.

좋은 그리스도인 아빠라면 적어도 우리 아이들을 사탄 곧 지하에 있는 악마들의 아버지에게는 빼앗기지 않아야 하겠습니다. 이것을 놓치면 모든 것을 잃어버린 것입니다. 이 세상에서의 성공과 소유는 아무런 역할을 하지 못합니다. 우리 아빠들은 오직 하늘에 계신 하나님 아버지께 우리 자녀들을 안내하고, 그 영원한 기쁨과 복락의 소망을 자녀들에게 반드시 유산으로 물려주어야만 합니다.

그래서 먼 훗날 아빠로서 먼저 천국에 들어갈 때, 사랑하는 우리 아이들을 곧 다시 만날 것을 기대하며, 그들의 남은 미래를 하나님 아버지께 의탁할 수 있는 참 좋은 아빠, 떠난 후에도 그리운 아빠가 되었으면 좋겠습니다. 이 책을 읽는 모든 아빠가 하늘 아버지를 닮은 좋은 아빠 되시기를 축복합니다.

아빠 수업
:아빠의 변화는 사랑입니다

초판 1쇄 인쇄 2021년 12월 23일
초판 1쇄 발행 2021년 12월 31일

발행인 이기룡
지은이 하재성
발행처 도서출판 담북
등록번호 제2018-000072호(2018년 3월 28일)
주 소 서울시 서초구 고무래로 10-5(반포동)
전 화 02-533-2182
팩 스 02-533-2185
홈페이지 www.qtland.com